essentials

essentials liefern aktuelles Wissen in konzentrierter Form. Die Essenz dessen, worauf es als „State-of-the-Art" in der gegenwärtigen Fachdiskussion oder in der Praxis ankommt. *essentials* informieren schnell, unkompliziert und verständlich

- als Einführung in ein aktuelles Thema aus Ihrem Fachgebiet
- als Einstieg in ein für Sie noch unbekanntes Themenfeld
- als Einblick, um zum Thema mitreden zu können

Die Bücher in elektronischer und gedruckter Form bringen das Expertenwissen von Springer-Fachautoren kompakt zur Darstellung. Sie sind besonders für die Nutzung als eBook auf Tablet-PCs, eBook-Readern und Smartphones geeignet. *essentials:* Wissensbausteine aus den Wirtschafts-, Sozial- und Geisteswissenschaften, aus Technik und Naturwissenschaften sowie aus Medizin, Psychologie und Gesundheitsberufen. Von renommierten Autoren aller Springer-Verlagsmarken.

Weitere Bände in der Reihe http://www.springer.com/series/13088

Marko Geilhausen

Kompakter Leitfaden für Energiemanager

Energiemanagementsysteme nach
DIN EN ISO 50001:2018

2., vollständig überarbeitete Auflage

 Springer Vieweg

Marko Geilhausen
Dettenhausen, Deutschland

ISSN 2197-6708 ISSN 2197-6716 (electronic)
essentials
ISBN 978-3-658-28852-5 ISBN 978-3-658-28853-2 (eBook)
https://doi.org/10.1007/978-3-658-28853-2

Die Deutsche Nationalbibliothek verzeichnet diese Publikation in der Deutschen Nationalbiblio-
grafie; detaillierte bibliografische Daten sind im Internet über http://dnb.d-nb.de abrufbar.

Springer Vieweg ist ein Imprint der eingetragenen Gesellschaft Springer Fachmedien Wiesbaden
GmbH und ist ein Teil von Springer Nature.
Die Anschrift der Gesellschaft ist: Abraham-Lincoln-Str. 46, 65189 Wiesbaden, Germany

Was Sie in diesem *essential* finden können

- Eine Einführung in die Anforderungen an ein Energiemanagementsystem nach DIN EN ISO 50001:2018
- Hinweise zu den Änderungen, die an einem bestehenden Management nach ISO 50001:2011 erfolgen müssen
- Anregungen und Beispiele für die praxisnahe Umsetzung eines Energiemanagementsystems

Inhaltsverzeichnis

Einleitung 1

Die Gründe für die Einführung eines Energiemanagementsystems nach DIN EN ISO 50001 (nachfolgend ISO 50001) sind ebenso vielfältig, wie die Unternehmen, die sich für ein solches System entscheiden.

* Einsparungen in den Energiekosten
* Nutzung von Steuerermäßigungen und -entlastungen
* Beitrag zum Umweltschutz
* Steigerung der Nachhaltigkeit
* Verbesserung des Images
* Einhaltung gesetzlicher Pflicht

Ein ganzheitliches Energiemanagement, wie es die ISO 50001 anstrebt, betrachtet alle Aspekte des Umgangs mit Energie gleichermaßen und integriert sie in die Strategie und Organisation des Unternehmens. Dabei werden sowohl aus technischer, als auch aus organisatorischer Perspektive heraus Ziele verfolgt: die Senkung des Energieverbrauches, die Senkung der Energiekosten und die Steigerung der Energieeffizienz.

© Springer Fachmedien Wiesbaden GmbH, ein Teil von Springer Nature 2020   1
M. Geilhausen, *Kompakter Leitfaden für Energiemanager,* essentials,
https://doi.org/10.1007/978-3-658-28853-2_1

Wesentliche Änderungen zu ISO 50001:2011

2

Die ISO 50001:2018 entstand nach den Revisionen im Bereich Qualitäts- und Umweltmanagement. Wesentliche Änderungen zur ursprünglichen ISO 50001:2011 sind:

- Übernahme der High-Level-Structure
- Aktualisierung der Definitionen
- Ausweitung der Betrachtung geltender und eingegangener Verpflichtungen
- Stärkung der Verantwortlichkeit der Leitungsebene
- Wegfall der Forderung nach einem Managementbeauftragten
- Stärkung der Forderung nach einem Energieteam
- Pflicht zur Veröffentlichung der Energiepolitik bei Bedarf
- Forderung der Planung von Maßnahmen zum Umgang mit Chancen und Risiken
- Stärkerer Fokus auf die Analyse der wesentlichen Bereiche
- Ausweitung des Datenerfassungskonzepts
- Einführung des Konzeptes der dokumentierten Information
- Integration des Managementsystems in die Geschäftsprozesse
- Forderung nach einem Auditprogramm
- Der kontinuierliche Verbesserungsprozess (KVP) wird zur fortlaufenden Verbesserung

© Springer Fachmedien Wiesbaden GmbH, ein Teil von Springer Nature 2020
M. Geilhausen, *Kompakter Leitfaden für Energiemanager,* essentials,
https://doi.org/10.1007/978-3-658-28853-2_2

Aufbau der ISO 50001

3

Der neue Aufbau der ISO 50001 stellt ein hohes Maß an Komptabilität mit anderen Normen sicher. Der bisherige an einen Deming-Kreis angegliederte Aufbau der Norm in die Schritte Planung (Plan), Umsetzung (Do), Prüfung (Check) und Korrekturen (Act) wurde beibehalten. Die Kap. 1 bis 4 enthalten allgemeine Grundlagen, der klassische PDCA-Zyklus wird über die Kap. 5 bis 11 abgebildet.

© Springer Fachmedien Wiesbaden GmbH, ein Teil von Springer Nature 2020
M. Geilhausen, *Kompakter Leitfaden für Energiemanager,* essentials,
https://doi.org/10.1007/978-3-658-28853-2_3

Kontext der Organisation

4

Jegliche Form der Organisation agiert nicht im „luftleeren Raum", sondern interagiert mit einer Vielzahl an internen und externen Themen, die zusammengefasst das Umfeld der Organisation bilden. Ein Energiemanagementsystem muss diese Interaktion verstehen, aufgreifen, begreifen und in seiner Umsetzung berücksichtigen, will es nicht den Erfolg oder Wert der Organisation als solches gefährden.

4.1 Verstehen der Organisation und ihres Kontextes

Für eine Analyse des Kontextes spielen vor Allem interne und externe Themen eine Rolle, die die geplanten Ergebnisse oder auch die Ausgestaltung des Energiemanagements oder der energiebezogenen Leistung beeinflussen können. Dieser Einfluss kann negativ oder positiv sein. Die energiebezogene Leistung bezieht sich auf den Energieverbrauch, den Energieeinsatz und die Energieeffizienz des Unternehmens und in den wesentlichen Prozessen.

Beispiele für interne Themen können dabei sein:

- Kernprozesse
- Unternehmensstrategie
- Organisationsstruktur
- Standorte
- Produkte
- Mitarbeiterzahl
- Bestehende Managementsysteme

© Springer Fachmedien Wiesbaden GmbH, ein Teil von Springer Nature 2020
M. Geilhausen, *Kompakter Leitfaden für Energiemanager,* essentials,
https://doi.org/10.1007/978-3-658-28853-2_4

Beispiele für externe Themen können sein:

- Kundengruppen und Absatzmärkte
- Branche
- Anteilseigner
- Konzernzugehörigkeiten
- Nachbarschaftliches Umfeld
- Gesetze
- Witterungseinflüsse
- Stand der Technik
- Art der Energieversorgung

Das Unternehmen soll für die Betrachtung des eigenen Kontextes eine Vogel-
perspektive einnehmen. Dies ist die Basis für die Betrachtung der interessierten
Parteien (Abschn. 4.2) und die Planung von Maßnahmen zum Umgang mit Chancen und Risiken (Abschn. 6.1). Der Kontext sollte durch die oberste Leitung und
dem Energieteam erarbeitet werden. Kommt es zu Änderungen im Umfeld des
Unternehmens, ist die Analyse anzupassen und im Rahmen der Management-Bewertung (Abschn. 9.3) zu betrachten.

4.2   Verstehen der Erfordernisse und Erwartungen interessierter Parteien

Aus der Analyse des Kontextes ergeben sich interessierte Parteien, die
Erwartungen und Forderungen an das Unternehmen haben.

Interessierte Parteien haben meist ein Interesse an einem langfristigen und
stabilen Wert des Unternehmens sowie an Wachstum durch nachhaltiges Wirt-
schaften. Sie können aus der direkten Nachbarschaft des Unternehmens sein, die
unmittelbar die Umweltauswirkungen eines Standortes zu spüren bekommen.
Auch Verbände und Vereine können ein Interesse an den Bemühungen des Unternehmens, energieeffizienter und ressourcenschonender zu werden, haben. Dies
gilt ebenfalls für Organisationen und Initiativen für oder gegen Themen, in die
das Unternehmen involviert ist. Zum Beispiel Initiativen für erneuerbare Energien, Bürgerbewegungen gegen den Bau von Nahversorgungskraftwerken oder
für den Erhalt von Naturgebieten sein. Auch müssen interne Gruppen, wie die
eigenen Mitarbeiter ebenfalls als interessierte Partei angesehen werden.

Beispiele für interessierte Parteien können sein:

- Kunden
- Gesetzgeber und Behörden
- Anteilseigner
- Banken
- Berufsgenossenschaften
- Gewerkschaften
- Mitarbeiter
- Lieferanten und Energieversorger
- Verbundene Unternehmen
- Verbände
- Umweltschutzorganisationen
- Nachbarn
- Zertifizierungsorganisationen
- Vermieter

Nach der Identifikation der interessierten Parteien muss das Unternehmen die Erwartungen und Forderungen, die für das Energiemanagement relevant sind, bestimmen. Da es aufgrund sich stetig ändernder Geschäftsbeziehungen, Strategien und Umfelder des Unternehmens fortwährende Veränderungen in den interessierten Parteien gibt, kann es keine all-inclusive Liste geben. Das Unternehmen muss einen Prozess entwickeln, der sicherstellt, dass zu jeder Zeit die relevantesten Anforderungen bekannt sind und im Managementsystem berücksichtigt werden.

Im Zuge der Planung des Energiemanagementsystems muss der Fokus vor Allem auf einer detaillierten Bestimmung geltender rechtlicher Anforderungen erfolgen.

Alle Anforderungen zu denen das Unternehmen verpflichtet ist oder sich selbst verpflichtet hat, müssen ermittelt und umgesetzt werden. Dabei ist der Zugang zu den relevanten Dokumenten innerhalb des Energiemanagementsystems zwingend erforderlich. Die ermittelten Anforderungen sind in der Energieplanung zu berücksichtigen. Des Weiteren sind die Verpflichtungen regelmäßig, z. B. im Zuge der Managementbewertung, auf Aktualität zu prüfen.

Die Anforderungen, die für das Unternehmen im Zuge des Energiemanagementsystem gelten, sollten nicht nur übersichtlich sondern auch mit Verantwortlichkeitsbereichen sowie den Zyklen zur Prüfung dargestellt werden. Eine Möglichkeit ist das Rechtsverzeichnis. Dieses bezeichnet eine tabellarische Aufstellung aller Anforderungen mit den wesentlichsten Inhalten und den Bereichen im Unternehmen, für die diese gelten.

Tab. 4.1 Auszug eines Rechtsverzeichnisses

Rechtsvorschrift/ Anforderung	Verantwortlich	Letzte Prüfung	Nächste Prüfung
Energiesteuergesetz 26.06.2018 • Abgabe von Steueranmeldungen zum 31. Mai für das vorangegangene Kalenderjahr • Einhaltung der Pflichten im Zusammenhang mit der Eigenschaft als Erdgaslieferer, z. B. Führen eines Belegheftes, Mitteilung von Änderungen	Abteilungsleiter Recht	01.08.2019	01.12.2019
Energiewirtschaftsgesetz 17.12.2018 • Anzeige der Aufnahme und Beendigung der Belieferung von Haushaltskunden mit Energie sowie Anzeige der Änderung der Firma bei der BNetzA • Regelung der Offshore-Umlage • Pflicht zum Einbau von Smart-Metern bei Neubauten und Totalsanierungen sowie Haushalte mit >6000 kWh/a und PV-Anlagen > 7 kW	Abteilungsleiter Beschaffung	23.08.2019	23.01.2019

Tab. 4.1 zeigt einen beispielhaften Auszug aus einem Rechtsverzeichnis.

4.3   Festlegen des Anwendungsbereiches und der Grenzen

Das Konzept, dass ein Unternehmen die eigenen Grenzen des Energiemanagementsystem festlegt, gibt einen flexiblen Spielraum bei der Einführung eines Energiemanagementsystems nach ISO 50001. Der Anwendungsbereich gibt an, welche Prozesse, Strukturen und Organisationseinheiten unter dem Dach des Energiemanagementsystems abgebildet werden. Hier kann ein Unternehmen die Komplexität des Systems mitbestimmen.

Zur Festlegung des Anwendungsbereiches und der Grenzen des Systems müssen zwingend die Ergebnisse der Analysen des Kontextes des Unternehmens sowie der Erwartungen und Forderungen der interessierten Parteien berücksichtigt werden.

Mit dem Anwendungsbereich definiert das Unternehmen, welche Tätigkeiten und Prozesse durch das Energiemanagement behandelt werden. Die Grenzen stellen dabei die physikalische oder organisatorische Abgrenzung, wie z. B. Standorte dar.

Innerhalb des Anwendungsbereiches muss das Unternehmen sicherstellen, dass es die Kontrolle über seinen Energieeinsatz besitzt. Das heißt es muss Einfluss nehmen können auf Betrieb und Instandhaltung der Anlagen. Zum Beispiel müssen Mieter Anlagen des Vermieters, die ihren Energieeinsatz wesentlich beeinflussen ebenfalls bei der Gestaltung effizienter Prozesse mit einbeziehen (Abschn. 8.1).

Innerhalb der Grenzen des Energiemanagementsystems darf das Unternehmen keine Energiearten ausschließen. Das heißt auch Bagatellmengen sind mindestens in der Aufstellung des Jahresbedarfes auszuweisen, können aber im weiteren Verlauf als unwesentlich bewertet werden.

Auch die rechtliche Dimension ist zu berücksichtigen. Im deutschen Recht gibt es derzeit drei Gesetze, die eine Forderung nach der Einführung eines Energiemanagement darlegen. Dabei definieren das Energiedienstleistungsgesetz, die Spitzenausgleichs-Effizienzsystem-Verordnung sowie das Gesetz für den Ausbau erneuerbarer Energien den Mindest-Anwendungsbereich sehr unterschiedlich.

4.4 Energiemanagementsystem und seine Prozesse

Abschn. 4.4 der ISO 50001 fordert im Allgemeinen, dass ein Unternehmen, das sich für die Einführung eines Energiemanagementsystems entscheidet, dieses im Sinne der ISO 50001 definieren, dokumentieren, einführen, aufrechterhalten und weiterentwickeln muss. Innerhalb der Weiterentwicklung fordert die Norm ebenfalls eine fortlaufende Verbesserung des Systems inklusive seiner Prozesse und der energiebezogenen Leistung des Unternehmens. Dies ist bereits ein Vorgriff auf die Anforderungen des Abschn. 10.2 Fortlaufende Verbesserung in der

ISO 50001:2018 (Abschn. 10.2), beinhalten aber auch einen klaren Fokus des Energiemanagementsystems auf das Prozessmanagement (Abschn. 8.1).

Der allgemeine Sinn dieses Anforderungspunktes ist: Ein Unternehmen muss ein Energiemanagementsystem nicht nur entwickeln und einführen, sondern auch leben. Nur ein gelebtes System kann langfristig Vorteile schaffen. Daher ist eine Langfristigkeit auch im Sinne der Norm.

Führung 5

Da es sich bei einem Energiemanagementsystem im Sinne der ISO 50001 um ein *Management*-System handelt, werden im Normenkapitel 5 klare Vorgaben für die Rolle des Top-Managements definiert. Das heißt die Geschäftsführung und die oberen Managementebenen haben eine Verpflichtung innerhalb des Energiemanagementsystem, deren Einhaltung bewiesen werden muss.

5.1 Führung und Verpflichtung

Die Norm fordert, dass die Geschäftsführung Führung und Verpflichtung in einem Energiemanagementsystem zeigt. Auch wenn die Führung einzelne Verantwortlichkeiten oder Aufgaben innerhalb des Managementsystems delegiert, bleibt sie der Rechenschaft schuldig und muss sicherstellen, dass die Aufgaben und Verantwortlichkeiten im Sinne der ISO 50001 wahrgenommen werden.

Der Nachweis über die Einhaltung dieser Führungsaufgabe erfolgt im Sinne der Norm durch die Sicherstellung folgender Festlegungen:

- Der Anwendungsbereich und die Grenzen sind definiert
- Eine Energiepolitik ist vorhanden und mit der Strategie des Unternehmens kompatibel
- Ziele sind vorgegeben
- Das Energiemanagementsystem ist in die Geschäftsprozesse des Unternehmens integriert
- Aktionspläne sind genehmigt und werden umgesetzt
- Es stehen die erforderlichen Ressourcen zur Verfügung
- Die Bedeutung des Managementsystems und der Anforderungen werden vermittelt

© Springer Fachmedien Wiesbaden GmbH, ein Teil von Springer Nature 2020
M. Geilhausen, *Kompakter Leitfaden für Energiemanager,* essentials,
https://doi.org/10.1007/978-3-658-28853-2_5

- Das System erreicht seine geplanten Ergebnisse
- Eine fortlaufende Verbesserung wird gefördert
- Die Bildung eines Energiemanagement-Teams ist sichergestellt
- Personen werden angeleitet und unterstützt, um zur Wirksamkeit und Verbesserung beizutragen
- Andere Führungskräfte sind sich ihrer Rolle in ihrem Verantwortungsbereich bewusst
- Die Kennzahlen stellen die energiebezogene Leistung in geeigneter Weise dar
- Es gibt ein funktionierendes Änderungsmanagement

Durch die o. g. Forderungen stärkt die neue ISO 50001 die Rolle der Leitungsebene und bindet diese stärker in das Energiemanagementsystem mit ein.

5.2   Energiepolitik

Zur Darstellung der strategischen Ausrichtung des Managementsystem muss die Geschäftsführung eine Politik zum Themenfeld des Energiemanagements festlegen. Solch eine Energiepolitik ist Ausdruck der Unternehmenskultur in Bezug auf das Thema Energie. Sie stellt dar, wie das Unternehmen mit der Ressource Energie umgehen möchte und welche Strategie zum Energiesparen verfolgt wird. Die ISO 50001 stellt Anforderungen an die Energiepolitik, die nachfolgend erläutert werden.

Angemessenheit Größe, Komplexität und Kultur eines Unternehmens spielen bei der Ausgestaltung eines Managementsystems eine wesentliche Rolle.

Rahmen für Ziele Innerhalb der Energiepolitik sollte eine auf die Zukunft des Unternehmens ausgerichtete Strategie für den Umgang mit Energie ausformuliert sein.

Verpflichtung zur Bereitstellung von Ressourcen und Informationen Die Geschäftsführung muss sich dazu verpflichten, ausreichend Ressourcen und Informationen für den Betrieb des Energiemanagementsystem bereitzustellen.

Verpflichtung zur Einhaltung von rechtlichen und anderen Anforderungen Die Geschäftsführung verpflichtet sich und das Unternehmen, alle rechtlichen und selbst festgelegten Anforderungen im Themenfeld Energie einzuhalten.

Verpflichtung zur Verbesserung Die Geschäftsführung verpflichtet sich und das Unternehmen seine energiebezogene Leistung stetig zu verbessern.

Unterstützung bei der Beschaffung effizienter Produkte Dies kann im strengsten Fall durch eine Verpflichtung aller Mitarbeiter zum Einsatz solch effizienter Techniken erfolgen.

Unterstützung der energieeffizienten Auslegung von Änderungen Bereits in der Planung von neuer Technik oder Änderungen ergeben sich Ansätze zur Verbesserung der energiebezogenen Leistung.

Die Politik muss dokumentiert und kommuniziert werden Die Geschäftsführung muss die Politik in schriftlicher oder anderer Form festhalten und den Mitarbeitern im Unternehmen aktiv erläutern. Externen interessierten Parteien muss die Energiepolitik auf Bedarf zur Verfügung gestellt werden.

Regelmäßige Prüfung und Aktualisierung der Politik Die Politik muss regelmäßig auf die o. g. Punkte und Inhalte geprüft werden. Dies kann z. B. im Zuge der Managementbewertung realisiert werden (Abschn. 9.3).

5.3 Rollen, Verantwortlichkeiten und Befugnisse

Aufgabe der Führung ist es, sicherzustellen, dass relevante Rollen mit Verantwortung und Befugnissen innerhalb des Unternehmens zugewiesen werden. Dafür muss die Geschäftsleitung die Bildung eines Energiemanagement-Teams fördern und diesem Team die Verantwortung und vor Allem auch die Befugnisse für nachfolgende Aufgaben zuweisen.

- Einführung, Aufrechterhaltung und Verbesserung des Energiemanagementsystems
- Aufrechterhaltung der Konformität zur ISO 50001
- Umsetzung der Aktionspläne
- Berichtswesen zur Kommunikation mit der Geschäftsführung
- Festlegung von Kriterien und Methoden für die wirksame Funktion und Steuerung des Managementsystems

Das Energiemanagement-Team ist somit für die Aufrechterhaltung des Managementsystem verantwortlich. Es stellt sicher, dass keine Abweichungen von den Normenanforderungen auftreten, bzw. diese zeitnah korrigiert werden. Je nach Unternehmen, kann der Umfang des Teams variieren. Die Norm lässt auch ein Ein-Personen-Team zu. Allerdings kann ein gut aufgestelltes Energiemanagementsystem schnell eine Größe erreichen, die von einer Person nicht mehr sinnvoll überblickt werden kann.

Trotz dieser Neuerung im Verständnis eines Energiemanagementsystems wird es in der Praxis weiterhin in vielen Fällen einen zentralen Hauptansprechpartner geben. Den Energiemanagementbeauftragten oder Energiemanager.

Das Energieteam unter der Leitung des Energiemanagementbeauftragten berichtet durch die regelmäßige Erstellung von Übersichten zu den wichtigsten Parametern und Kennzahlen in den Bereichen Energieverbrauch, Energieeffizienz und Energieeinsatz sowie über Einsparpotenziale oder negative Entwicklungen direkt an die Geschäftsführung.

Für alle Festlegungen müssen der Beauftragte und sein Team sicherstellen, dass die Umsetzung des Energiemanagementsystem und die geplanten Ziele den Rahmen, den die Energiepolitik vorgibt, nicht verlassen.

Zur kontinuierlichen Überwachung des Energiemanagementsystem plant der Energiemanagementbeauftragte Audits und andere Überwachungsmechanismen und legt die Kriterien und Methoden fest, nach denen diese Prüfungen stattfinden.

Als eine der wesentlichsten Aufgaben im Energiemanagementsystem soll der Beauftragte mit seinem Team die oberste Leitung dabei unterstützen, die Mitarbeiter im Unternehmen für den effizienten und schonenden Umgang mit der Ressource Energie zu sensibilisieren. Hierzu kann er verschiedenste Methoden nutzen, z. B. Schulungen, Workshops, Newsletter, Flyer oder Plakate (Abschn. 7.3).

Dabei können der Beauftragte und die Mitglieder des Energieteams auch weitere Funktionen im Unternehmen innehaben. Allerdings sollte im Sinne der Bereitstellung notwendiger Ressourcen für das Energiemanagementsystem darauf geachtet werden, dass genügend Arbeitszeit für die Tätigkeiten zur Verfügung steht. Ein Beauftragter, der nur 10 % seiner Zeit aufwenden kann, ist sicherlich nicht in der Lage alle Aufgaben in hoher Qualität zu erfüllen.

Das Unternehmen muss ebenfalls nachweisen, dass die entsprechenden Kompetenzen und Qualifikationen bei der ausgewählten Person oder dem Personenkreis vorhanden sind, bzw. wie diese angeeignet werden, z. B. durch Schulungen und Seminare (Abschn. 7.2).

Planung 6

In diesem Abschnitt geht es um die organisatorische Ausgestaltung des Energiemanagementsystems. Bei der Entwicklung des Planungsprozesses müssen sowohl die strategische Ausrichtung, die in der Energiepolitik festgeschrieben ist, als auch das Ziel, stetig die Energieeffizienz zu verbessern vom Unternehmen berücksichtigt werden. Des Weiteren wird bereits in der Planung definiert, wie das Unternehmen Abläufe, Tätigkeiten und die Nutzung technischer Einrichtungen analysieren und überwachen wird. Hierbei liegt der Fokus auf Bereichen, die einen Einfluss auf den Energieverbrauch und die Energieeffizienz haben und in denen die Hebung von Verbesserungspotenzialen und Entwicklungen der energetischen Leistung möglich ist.

Abb. 6.1 zeigt die wesentlichen Bestandteile der Energieplanung gemäß ISO 50001.

6.1 Maßnahmen zum Umgang mit Chancen und Risiken

Die neuen Managementsystem-Normen legen einen risikobasierten Ansatz zu Grunde. Über eine strukturierte Analyse der sich aus dem Kontext, der bindenden Verpflichtungen und der Energieflussanalyse (Abschn. 6.3) ergebenden Chancen und Risiken, kann das Unternehmen sicherstellen, dass das Managementsystem die beabsichtigten Ergebnisse erzielen kann. Dabei liegt der Fokus auf der Vermeidung unerwünschter Auswirkungen, z. B. hinsichtlich rechtlicher Pflichten, aber auch auf Potenzialen zur Verbesserung der energiebezogenen Leistung.

Im Rahmen der Analyse der Risiken kann ein methodischer Ansatz wie eine Risiko-Bewertungsmatrix hilfreich sein. Im Rahmen dieser Methode werden Risiken hinsichtlich der Schwere der Auswirkung und der Eintrittswahrscheinlichkeit

© Springer Fachmedien Wiesbaden GmbH, ein Teil von Springer Nature 2020
M. Geilhausen, *Kompakter Leitfaden für Energiemanager,* essentials,
https://doi.org/10.1007/978-3-658-28853-2_6

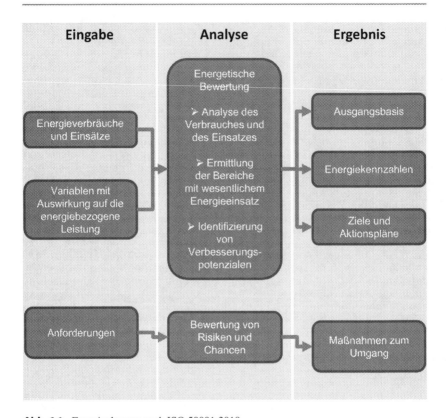

Abb. 6.1 Energieplanung nach ISO 50001:2018

in unterschiedliche Kategorien eingeteilt. Dies kann mithilfe spezieller Kennzahlen analog einer Fehlermöglichkeits- und Einflussanalyse oder durch einfaches Brainstorming im Rahmen einer Energieteamsitzung stattfinden.

Zum Umgang mit Chancen und Risiken muss das Unternehmen ein Maßnahmenkonzept entwickeln, in dem festgelegt wird:

- Welche Maßnahmen getroffen werden und warum eventuell von Maßnahmen abgesehen wird.
- Wie diese Maßnahmen in das Energiemanagementsystem integriert und dort umgesetzt werden.
- Wie die Wirksamkeit der Maßnahmen bewertet wird sowie das Ergebnis dieser Bewertung.

6.2 Ziele, Energieziele und Planung zu deren Erreichung

Die ISO 50001 fordert vom Unternehmen die Festlegung von Zielen und Energiezielen. Ziele stellen eine messbare Verbesserung des Energiemanagementsystems dar, wie z. B. eine Erweiterung der bestehenden Messstellen. Energieziele dienen der planbaren Verbesserung der energiebezogenen Leistung und führen daher zu Maßnahmen meist technischer Natur. Im Nachfolgenden wird ohne diese Unterscheidung von Zielen allgemein gesprochen.

Bei der Zielentwicklung müssen gemäß der Norm folgende Punkte berücksichtigt werden:

- Ziele müssen mit der Politik in Einklang stehen, d. h. sie dürfen der Energiestrategie des Unternehmens nicht entgegenlaufen.
- Sofern machbar, müssen Ziele und vor Allem die Energieziele messbar sein.
- Rechtliche und andere Anforderungen und die Bewertung deren Einhaltung (Abschn. 4.2) müssen in die Zieldefinition einfließen.
- Wesentliche Einsatzbereiche sollen Berücksichtigung finden.
- Verbesserungsmöglichkeiten, die im Zuge der energetischen Bewertung ermittelt wurden (Abschn. 6.3), sollten abhängig ihrer Priorität in der Ausgestaltung der Ziele berücksichtigt werden. Aber auch Chancen aus dem Kontext des Unternehmens müssen betrachtet werden (Abschn. 6.1).
- Ziele müssen überwacht, vermittelt und aktualisiert werden.
- Finanzielle, betriebliche und technische Randbedingungen sowie die Erwartungen interessierter Kreise können ebenfalls berücksichtigt werden. Das heißt, dass Budgetentwicklungen, Ersatzinvestitionen, Änderungen an Prozessen und Betriebsabläufen, ein evtl. Standortausbau oder Erwartungen von Stakeholdern bei der Zielgestaltung einfließen sollten.

Die nach den o. g. Kriterien definierten Ziele müssen festgeschrieben und regelmäßig auf den Erreichungsgrad und die Übereinstimmung mit der Unternehmensstrategie geprüft werden. Für die Realisierung der Ziele müssen Maßnahmen ausgearbeitet werden, die in der Lage sind, diese Erfolge zu generieren. Als Grundlage dienen die in der energetischen Bewertung festgehaltenen Optimierungspotenziale aus den technischen und organisatorischen Bereichen.

Die festgelegten Maßnahmen werden den Zielen zugeordnet und in Aktionsplänen dokumentiert.

Aktionspläne haben als Vorgabe der ISO 50001 folgende Mindestinhalte:

- Beschreibung der Maßnahme
- Verantwortlichkeiten für die Zielerreichung bzw. Maßnahmenumsetzung (z. B. welcher Unternehmensbereich oder welche Person die Erreichung des Zieles gewährlisten muss)
- Benötigte Mittel und Ressourcen für die Umsetzung der Maßnahmen (Dies können Personal, Budget, Anlagentechnik oder Zeit sein.)
- Termine (wann erfolgt die Umsetzung der Maßnahme bzw. wann soll das Ziel erreicht sein)
- Methoden zur Messung der zu verbessernden Leistung (d. h. die Darstellung wie der zu reduzierende Wert erfasst werden soll, um die Zielerreichung prüfen zu können sowie eine Definition der Methoden zur Prüfung der Ergebnisse, insbesondere, ob das Ziel erreicht wurde, bzw. wie groß bestehende Abweichung zur Planung sind).

Neben finanziellen Mitteln, die als Budget bereitgestellt werden, sollten während der Erstellung der Aktionspläne auch weitere benötigte Ressourcen eingeplant werden. Dies können z. B. das notwendige Personal sowie die Einrichtungen für Messungen und andere technische Hilfsmittel, wie z. B. Software für das Energiemonitoring, sein. Die Planung der Ressourcen behandelt der Normen-Abschn. 7.1. Wichtig für die Erstellung der Aktionspläne ist die Darstellung, wie die Ergebnisse gemessen und überwacht werden sollen. Ausgangspunkt ist die Quelle aus der das Einsparpotenzial abgeleitet wurde. Ist bereits eine Messstelle vorhanden, bzw. wurden Kurzzeitmessungen durchgeführt, erfolgt die Prüfung über einen Abgleich der Messwerte vor und nach der Maßnahmenumsetzung. In Vergleichen von Vorher- und Nachher-Messwerten sind insbesondere gleich gewählte Mess-Intervalle und die Ablese-Genauigkeiten, d. h. welcher Zählerwert wird zu welchem Zeitpunkt mit welcher Genauigkeit abgelesen, zu beachten. Ablese-Ungenauigkeiten verfälschen sonst das Ergebnis. Für den Fall, dass das Einsparpotenzial auf Grundlage berechneter Werte ausgearbeitet wurde, liegt die Entscheidung an, ob und in welcher Form eventuell Messeinrichtungen im Zuge der Maßnahmenumsetzung installiert werden sollen. Anschließend kann der berechnete Ausgangswert mit den Messwerten nach Umsetzung der Maßnahme abgeglichen werden. Vor- und Nachteile sowie Möglichkeiten für Messeinrichtungen und die Besonderheiten, die bei Ablesungen zu beachten sind, werden in Abschn. 6.6 betrachtet. Fällt die Entscheidung, keine Messeinrichtungen zu installieren, erfolgt der Abgleich vor und nach der Maßnahme durch die Berechnungen, die bereits im Vorfeld im Zuge der Maßnahmenplanung erfolgten. Da ohne Messwerte eine wirkliche Prüfung, ob die umgesetzten

Maßnahmen den geplanten Erfolg brachte nicht möglich ist, sollte auf jeden Fall ein Abgleich über die Abrechnungen des Versorgers, d. h. den Gesamtverbrauch, erfolgen. Eine Ungenauigkeit des Vorgehens liegt in anderen, den Gesamtverbrauch beeinflussenden Effekten. Es muss sichergestellt werden, dass weitere Maßnahmen oder Prozessumstellungen, entsprechend ihrer Auswirkungen ausschließbar sind. Dies ist nur möglich, wenn für andere Maßnahmen Messeinrichtungen installiert wurden oder eine Maßnahme eine Demontage ohne Ersatzinstallation umfasst. Über die Messungen lassen sich die Effekte auf den Gesamtverbrauch bereinigen und der Erfolg oder Misserfolg nicht gemessener Maßnahmen kann herausgearbeitet werden.

In Tab. 6.1 ist beispielhaft ein Auszug eines Aktionsplans dargestellt.

Die Ziele und Aktionspläne müssen regelmäßig aktualisiert werden. Dies sollte am Besten im Zuge der Management-Bewertung (Abschn. 9.3) erfolgen, da die Zielerreichung ein wesentlicher und von der Norm geforderter Eingangsparameter ist.

6.3 Energetische Bewertung

Die energetische Bewertung stellt den wichtigsten Schritt in der Entwicklung und Einführung eines Energiemanagementsystem nach ISO 50001 dar. Sie ist somit wesentliches Kernelement des entstehenden Systems und die Grundlage für weitere Anforderungen der Norm, z. B. die Entwicklung von Zielen und die betriebliche Steuerung (Abschn. 8.1). Die energetische Bewertung dient der Untersuchung des Unternehmens, um die Basis für energetische Verbesserungen und die Formulierung von Zielen zu bilden. Eine strategische Richtung kann nur klar definiert werden, wenn der aktuelle Bestand und die Entwicklungen der Vergangenheit bekannt sind.

Dabei werden die Energieflüsse im Unternehmen, die Einflussmöglichkeiten sowie potenzielle Einsparmöglichkeiten analysiert.

Die energetische Bewertung muss gemäß ISO 50001 beinhalten:

a) Die Analyse des Energieeinsatzes und des Energieverbrauches, d. h.
   – die Ermittlung der aktuellen Energiearten und
   – die Bewertung des aktuellen und bisherigen Einsatzes und Verbrauches.
b) Die Identifikation der Bereiche mit wesentlichem Energieeinsatz (z. B. Anlagen, Prozesse, Systeme)

Tab. 6.1 Auszug aus einem Aktionsplan

Operatives Ziel	Verantwortlich	Maßnahme	Termin	Mittel	Methoden zur Messung und Prüfung
Reduzierung Stromverbrauchs für Beleuchtung in der Produktion um 25 %	Abteilung Haustechnik	Umstellung der Vorschaltgeräte auf EVG und teilweiser Einsatz von LED	XX.XX.23		Einbau einer Messeinrichtung im Zuge der Umrüstung und Vergleich mit den berechneten Werten
Reduzierung Stromverbrauch gesamt um 15 %	Abteilung Haustechnik	Änderung der Außenluftansaugung und Einbau Frequenzumformer an den elektr. Antrieben	XX.XX.25		Vergleich der Messungen über bestehenden Stromzähler
Reduzierung Stromverbrauch gesamt um 15 %	Abteilung Haustechnik	Einsatz von Bewegungsmeldern in Nebenbereichen in der Verwaltung	XX.XX.20		Schätzung, keine Messung möglich; Hauptziel wird über Abrechnung Energieversorger geprüft
Reduzierung Wärmeverbrauch in der Produktion um 30 %	Produktions-leitung	Umstellung auf Direktbefeuerung im Trocknungsprozess	XX.XX.30		Vergleich der Messungen über bestehenden Wärmemengenzähler
Reduzierung Wärmeverbrauch gesamt um 10 %	Leiter Energie-management	Erneuerung der Lüftungsanlagen und Anbindung Abwärmenutzung aus Produktion	XX.XX.25		Vergleich der Abrechnung Energieversorger

c) Eine Analyse der wesentlichen Bereiche hinsichtlich
   - Variablen, die den definierten wesentlichen Energieeinsatz beeinflussen, z. B. Regelungsgrößen, Betriebsparameter, Witterung etc.
   - Eine Bewertung der aktuellen energiebezogenen Leistung (Verbrauch, Einsatz und Effizienz)
   - Die Identifikation internen und externen Personals, das Einfluss nehmen kann
d) Das Identifizieren, Priorisieren und Aufzeichnen von Verbesserungspotenzialen
e) Die Erstellung von Prognosen über den zukünftigen Energieeinsatz und Verbrauch

Für die o. g. Aufgaben muss das Unternehmen die anzuwendende Methode und die Kriterien zur Definition der Wesentlichkeit definieren. Die Bewertung erfolgt in festgelegten Abständen oder im Falle größerer Änderungen der ermittelten Einflussfaktoren.

Die Norm fordert die Identifizierung und Betrachtung der Bereiche mit wesentlichem Energieeinsatz. Dies sind Anlagen und Prozesse mit großem Einfluss auf den Energieverbrauch und die Energieeffizienz des Unternehmens. Das Kriterium für diese sogenannten SEU (significant energy use) muss festgelegt werden.

Tab. 6.2 zeigt den Auszug einer energetischen Bewertung eines Produktionsbetriebes.

Hinter der energetischen Bewertung steht ganz allgemein das Prinzip einer Potenzialanalyse für Energieeinsparungen mit drei klar von der Norm vorgegebenen Zielen:

a) Feststellung des Energieflusses im Unternehmen
b) Bewertung des aktuellen Status aus energetischer Sicht
c) Definition von Maßnahmen zur Verbesserung

Die Vorgehensweise eines solchen Energie-Audits ist wie folgt:

1. Datenaufnahme
   Es sollten die Verbräuche der letzten Jahre getrennt nach Energieträgern gesammelt und tabellarisch dargestellt werden.
   Als Grundlage für die Analyse wie sich die Verbräuche zusammensetzen, muss anschließend eine Aufnahme aller größeren Verbraucher erfolgen. Es ist von Vorteil diese nach den einzelnen Unternehmensbereichen, z. B. Produktion, Verwaltung, allgemeine technische Gebäudeausrüstung etc., zu gliedern.

Tab. 6.2 Auszug einer energetischen Bewertung

Bereich	Energieträger	Verbraucher	Verbrauch letzte Periode	Bewertung
Produktion	Strom	Beleuchtung Halle	1.478.883 kWh	C
Produktion	Strom	Klimatisierung Halle	729.478 kWh	B
Produktion	Wärme	Trockner	1.186.537 kWh	B
Produktion	Wärme	Vorerhitzer	514.166 kWh	B
Verwaltung	Strom	Beleuchtung Büroräume	183.455 kWh	A
Verwaltung	Strom	Beleuchtung Büroräume	183.455 kWh	A
Allgemein	Wärme	Heiz-Zentrale	3.955.124 kWh	C

Bewertungsschema:
A Verbrauch Strom <250 MWh Verbrauch Wärme <500 MWh
B Verbrauch Strom 250–1000 MWh Verbrauch Wärme 500–1100 MWh
C Verbrauch Strom >1000 MWh Verbrauch Wärme >1100 MWh
B und C → als wesentlicher Energieeinsatzbereich eingestuft

Die Aufnahme beinhaltet alle wesentlichen Parameter der technischen Anlagen, z. B. Leistung, Baujahr, Zustand, Steuerungsparameter, Betriebszeiten, An- und Abfahrverhalten. Auch wichtige Gebäudeparameter, wie z. B. Dämmung, Bauweise und die Anzahl und Größe der Fensterflächen sollten mit aufgenommen werden. Neben technischen Daten gibt es weitere relevante Faktoren für den Energieverbrauch und die Effizienz, wie z. B. Wetterdaten, die sich in Form von Gradtagszahlen (Abschn. 6.5) abbilden lassen, Instandhaltungsabläufe, Energieverträge und Betriebsabläufe. Diese sollten ebenso wie bereits geplante Maßnahmen und bekannte Probleme, z. B. Zugluft, Temperaturschwankungen insbesondere im Sommer usw., in die Datensammlung einfließen.

2. Datenanalyse

Ein wesentlicher Bestandteil der Datenauswertung ist die Analyse von Trends und Entwicklungen in den Energieverbräuchen sowie ein Vergleich mit Branchenstandards oder anderen Unternehmensteilen in Form von Benchmarks. Ein Benchmark dient zum Vergleich der eigenen Daten mit vergleichbaren Werten. Dies kann z. B. ein Vergleich unter einzelnen Unternehmensteilen oder Standorten sein, ein internes Benchmark, sowie ein Vergleich innerhalb der Branche, auch externes Benchmark genannt. Solche Vergleichswerte kann man über Bundesämter, z. B. Bundesministerium für Verkehr, Bau und Stadtentwicklung, oder Energieagenturen erhalten. Sind belastbare und vor Allem wirklich vergleichbare Werte zugänglich, hilft das

Benchmark die eigenen Daten realistisch bewerten zu können. Somit kann ein Benchmark einen wertvollen Teil zur energetischen Bewertung beitragen und die objektive und konsequente Vorgabe von Zielen fördern.

Zum besseren Verständnis der Energieverbräuche empfiehlt es sich, ein Energieflussdiagramm zu erstellen (auch Sankey-Diagramm genannt), wie in Abb. 6.2 dargestellt. Dieses zeigt grafisch auf, wie die eingesetzte Energie im Unternehmen genutzt wird. Dabei ist es im Sinne der ISO 50001 unschädlich, wenn nicht gemessene Bereiche geschätzt oder berechnet werden.

Anhand des Diagrammes und den Erkenntnissen aus der Datenaufnahme können die Bereiche, Anlagen und Prozesse mit den wesentlichsten Anteilen am Gesamtenergieverbrauch des Unternehmens festgestellt werden. Diese werden als wesentliche Energieeinsatzbereiche gekennzeichnet. In Abb. 6.2 sind beispielsweise der Trockner im Bereich der Prozesstechnik und im Bereich Raumwärme die Verwaltung als wesentlich zu kennzeichnen.

Nun müssen auch die einzelnen Prozesse, die im Zusammenhang mit den festgestellten Großverbrauchern stehen hinsichtlich ihrer Auswirkungen auf

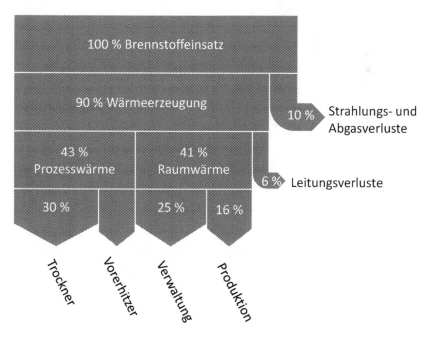

Abb. 6.2 Energiefluss

den Gesamtenergieeinsatz des Unternehmens bewertet werden. Solche Prozesse können z. B. Instandhaltungsabläufe, Betriebsabläufe und Tätigkeiten in Bezug auf An- und Abfahrverhalten, z. B. zum Schichtwechsel, sein. Eine Schnittstellenanalyse hilft, die Tätigkeiten zu identifizieren, die einen Bezug zu den Bereichen mit wesentlichem Energieeinsatz haben.

Für diese wesentlichen Prozesse oder SEU müssen die wichtigsten Variablen und Faktoren identifiziert werden, die Einfluss auf die energiebezogene Leistung haben bzw. haben können.

Diese Faktoren und Variablen dienen später der Entwicklung von sinnvollen Kennzahlen und einer vergleichbaren Ausgangsbasis (Abschn. 6.4 und 6.5).

Abschließend werden noch die Personen oder Stellen im Unternehmen aufgenommen, die in diesen Bereichen tätig sind und durch ihr Tun oder Unterlassen wesentlichen Einfluss auf die SEU haben. Dieser Personenkreis aus internen und externen Mitarbeitern zählt ebenso wie die Mitglieder des Energieteams, die oberste Leitung sowie weitere Führungskräfte und Mitarbeiter mit Aufgaben im Energiemanagementsystem zum sogenannten energiewirksamen Personal.

Um den letzten Punkt der energetischen Bewertung einzuleiten, die Ableitung von Zielen und Maßnahmen zur Erhöhung der Energieeffizienz bzw. zur Senkung des Energieverbrauches, muss nun ein Vergleich mit dem aktuellen Stand der Technik erfolgen. Dieser ermöglicht einen Blick auf die effizientesten Lösungsmöglichkeiten nach den modernsten Standards. Diese Ansätze sind zwar aufgrund ihrer meist noch nicht gegebenen Wirtschaftlichkeit eher utopisch anzusehen, geben aber wertvolle Hinweise wohin die Entwicklung im eigenen Unternehmen gehen kann und sollten somit als langfristiger Entwicklungs-Leitfaden betrachtet werden. Operative Ziele, die aufgrund solcher Vergleiche festgeschrieben werden, sind Teilschritte hin zu einer möglichst hohen und zukunftssicheren Energieeffizienz im Unternehmen.

3. Ausarbeitung von Maßnahmen

Durch den Vergleich mit dem Bestmöglichen und den Erkenntnissen, welche Faktoren den Energieeinsatz beeinflussen, lassen sich technische und organisatorische Maßnahmen formulieren, die zu Verbesserungen führen. Anschließend wird jede Maßnahme im Detail auf die Höhe der jährlichen Einsparungen, die Kosten und die Wirtschaftlichkeit untersucht. Diese Maßnahmen werden anschließend nach einem von dem Unternehmen selbst festzulegenden Schema (z. B. statische Amortisationszeit oder einer anderen Wirtschaftlichkeitskennzahl) priorisiert und festgehalten. Zur Ausarbeitung von Maßnahmen muss das Energiemanagement-Team eng mit den technischen Abteilungen und den für den Betrieb der Anlagen verantwortlichen Bereichen des Unternehmens zusammenarbeiten. Schließlich sind dort das technische Knowhow und die Erfahrungen mit der Anlagentechnik vorhanden. Auch kann an dieser Stelle eine externe Unterstützung durch einen erfahrenen Energieberater hilfreich sein.

4. Erstellung von Prognosen

Als letzten Schritt erfordert die Norm eine Darstellung des zukünftigen Verbrauches mit und ohne Durchführung der Maßnahmen. Die Prognose ermöglicht einen Trendvergleich für die Zukunft und hilft fortlaufende Verbesserungen nachzuweisen (Abschn. 10.2). Prognosen können durch eine einfache Fortschreibung der Verbrauchsentwicklungen aus der Vergangenheit auf die Zukunft erarbeitet werden. Eine kompliziertere aber auch genauere Variante ist die Detailplanung anhand von Planzahlen für die Produktion und die Hochrechnung mit spezifischen Energiekennzahlen je Produkt, bereinigt um Einsparungseffekte durch in Umsetzung befindliche oder geplante Maßnahmen.

Die Ergebnisse der energetischen Bewertung sowie die gesetzten Ziele, müssen in die langfristige Geschäftsplanung einfließen. Das heißt langfristige strategische Unternehmensziele müssen auch Aussagen über die gewünschte Entwicklung im energetischen Bereich und im Energiemanagementsystem enthalten. Ebenfalls kann sich die Geschäftsführung entschließen, wesentliche Trends in den Energieleistungskennzahlen als Kennzahlen der allgemeinen Unternehmensentwicklung aufzugreifen.

6.4 Energieleistungskennzahlen

Zur besseren Darstellung der Entwicklungen des Energieeinsatzes und der Möglichkeit der Steuerung, werden Energieleistungskennzahlen, auch als EnPIs bezeichnet (aus dem Englischen von energy performance indicator), benötigt. Für die Ermittlung und Aktualisierung dieser Kennzahlen muss das Unternehmen ein Verfahren entwickeln und die Ergebnisse hierzu aufzeichnen. Die eingeführten EnPIs sind gemäß ISO 50001 regelmäßig auf ihre Aussagekraft zu überprüfen und der festgelegten Ausgangsbasis gegenüber zu stellen.

Die gewählten Kennzahlen sollen eine klare Aussage über die fortlaufende Verbesserung der energiebezogenen Leistung erlauben. Dies erfolgt unter anderem dadurch, dass zur Festlegung der Kennzahlen die in der energetischen Bewertung definierten Variablen und Faktoren berücksichtigt werden und in die Modellgestaltung einbezogen werden.

Kennzahlen können einfach gestaltet sein (z. B. Verbrauch pro Fläche oder eingesetzte Energie je produzierter Einheit) oder aber detailliertere Berechnungen erfordern, wie beispielsweise Kennzahlen in der Erfassung der CO_2-Emissionen nach Treibhausgas-Emissionshandels-Gesetz (TEHG). Generell wird zwischen absoluten Werten und Verhältniszahlen sowie mathematischen Modellen unterschieden. Absolute Werte, z. B. der Gesamtstromverbrauch pro Jahr, können nur sehr gering zur Steuerung des Energiemanagement beitragen. Sie sind relevant für Anschlussverträge, Bezugsverträge und die Ausgestaltung von Leitungen, geben aber keinen Aufschluss über die Effizienz der Energienutzung.

Verhältniszahlen hingegen beziehen sich auf eine bestimmte Größe, wie z. B. Anzahl Mitarbeiter, Menge produzierter Einheiten oder andere Output-Größen (u. a. Menge erzeugter Wärme). Somit können Verhältniskennzahlen Vergleiche ermöglichen und Aussagen zur Effizienz beinhalten.

Tab. 6.3 stellt einige Beispiele für Energieleistungskennzahlen und ihren Verwendungszweck dar.

Tab. 6.3 Beispiele Energieleistungskennzahlen

Kennzahl	Berechnung	Verwendung
Gesamtenergieverbrauch	Verbrauchter Wert in kWh	Energieeinkauf; Dimensionierung des Netzanschlusses
Spezifischer Energieverbrauch (1)	Energieverbrauch in kWh je Produktionsmenge	Unternehmens- oder standortübergreifende Vergleiche oder Trendbetrachtungen
Spezifischer Energieverbrauch (2)	Energieverbrauch in kWh je Fläche	Unternehmens- oder standortübergreifende Vergleiche oder Trendbetrachtungen
Energieträgeranteil	Verbrauch pro Energieträger als Anteil am Gesamtverbrauch in %	Festlegung der wesentlichen Energieeinsatzbereiche
Anteil Wärmerückgewinnung (WRG)	Energie aus WRG als Anteil am Gesamtwärmeverbrauch in %	Darstellung der Nutzung regenerativer Energie
Stromkostenintensität	Anteil der Stromkosten an der Bruttowertschöpfung in %	Relevante Kenngröße für die Begrenzung der EEG-Umlage
Energieintensität	Verhältnis Energieverbrauch zu Bruttowertschöpfung	Etablierte Kennzahl für Nachhaltigkeit, die auch im Dow Jones Sustainability Index genutzt wird. Zielgröße der Deutschen Wirtschaft im Bereich Spitzenausgleich

Eine Kennzahl bezieht sich in den meisten Fällen auf einen Teilaspekt der energiebezogenen Leistung. Das heißt sie bildet entweder die Art des Energieeinsatzes, z. B. den prozentualen Anteil der Wärmerückgewinnung innerhalb eines Prozesses, den Verbrauch, z. B. den Gesamtstrombedarf pro Monat für einen Motor, oder die Effizienz, z. B. den Energiebedarf je produziertem Teil in einer Anlage, ab.

Einen guten Leitfaden zur Entwicklung greifbarer Leistungskennzahlen gibt die ISO 50006.

Auf Basis der Ergebnisse der energiebezogenen Leistung und der identifizierten wesentlichen Energieeinsatzbereiche werden Kennzahlen-Grenzen festgelegt. Dabei kann sich eine Kennzahl auf eine einzelne Einrichtung oder einen Prozess ebenso beziehen, wie auf ein ganzes System, ein komplettes Unternehmen oder eine Organisationseinheit.

Innerhalb der definierten Systemgrenzen werden anschließend die Energieflüsse allen relevanten Energiearten zugewiesen.

Den Energieflüssen werden in einem zweiten Schritt Variablen auf die energiebezogene Leistung zugeordnet. Diese sind aus der Analyse der wesentlichen Einsatzbereiche (SEU) bekannt. Hierbei kann es auch zu Überschneidungen und Abhängigkeiten kommen. Dabei stellt sich in der Praxis die Herausforderung, zu entscheiden, welche Einflussgröße sinnvoll in ein Kennzahlensystem einbezogen werden sollte und welche vermeintliche Einflussgröße sich als unrelevant darstellt.

Ein erster Hinweis auf einen Zusammenhang zwischen energiebezogener Leistung und Einflussvariable kann eine einfache Trendanalyse geben. Die Trendverläufe beider Größen sollten eine hohe Parallelität aufweisen. Auch eine Analyse der Punktwolke in einem X-Y-Diagramm kann wertvolle Anzeichen auf eine mögliche Korrelation liefern. Dabei sollte durch die Verteilung der einzelnen Werte eine Gerade oder eine andere einfache mathematischen Funktion gelegt werden können.

Neben Parametern, die regelmäßig die energiebezogene Leistung beeinflussen, gibt es auch statische Größen, die einen Einfluss haben, sich aber im Zeitverlauf selten ändern (z. B. das Raumvolumen einer beheizten Halle). Diese sogenannten statischen Faktoren müssen ebenfalls ermittelt werden, da sie eine Grundlage für die Vergleichbarkeit der energetischen Ausgangsbasis bilden (Abschn. 6.5). Sie definieren die Grundlast eines Prozesses.

Es empfiehlt sich, die definierten Energiekennzahlen übersichtlich in einer Matrix darzustellen. Dabei sollte die Struktur der energetischen Bewertung angeglichen sein.

Ein Auszug aus einer Kennzahlenmatrix ist in Tab. 6.4 dargestellt.

Tab. 6.4 Auszug einer Kennzahlenmatrix

Energiebereich	Verantwort-lichkeit	Kennzahl	Ausgangsbasis	Nächste Prüfung
Strom Beleuchtung	Abteilung Haustechnik	Verbrauch pro m² Hallenfläche	113,76 kWh/m²	XX.XX.19
Strom Klimatisierung	Abteilung Haustechnik	Verbrauch pro Betriebsstunde	720,12 kWh/h	XX.XX.19
Wärme Trocknung	Produktions-leitung	Verbrauch pro getrockneter Einheit je 1000 Stück	1483,17 kWh/ Einheit	XX.XX.19
Wärme Vorerhitzer	Produktions-leitung	Verbrauch pro getrockneter Einheit je 1000 Stück	642,70 kWh/ Einheit	XX.XX.19
Strom Beleuchtung	Abteilung Haustechnik	Verbrauch pro m² Bürofläche	73,38 kWh/m²	XX.XX.19
Wärme Raumheizung	Abteilung Haustechnik	Verbrauch für Raumwärme je m² beheizte Fläche	Verwaltung 395,51 kWh/m² Produktion 48,81 kWh/m²	XX.XX.19

Kennzahlen müssen immer im Zusammenhang mit ihrer Ausgangsbasis gesehen werden und dienen der messbaren Erreichung von Zielen. Die Pflicht zum Nachweis der fortlaufenden Verbesserung, wie im Abschn. 10.2 der ISO 50001 gefordert, ist eng mit dieser Dreiecksbeziehung verknüpft (Abschn. 10.2).

6.5   Energetische Ausgangsbasis

Das Unternehmen muss für die Betrachtung ihrer Energieverbräuche und Entwicklungen eine Vergleichsbasis, auch Baseline genannt, definieren. An dieser Basis werden alle nachfolgenden Zeiträume gemessen.

Als Basis für Analysen im Energiemanagement kann z. B. ein bestimmtes Geschäftsjahr definiert werden. Die Auswahl ist kritisch vorzunehmen und es gilt zu beachten, dass als Basis ein möglichst aussagefähiger Zeitraum gewählt wird. Das heißt der Zeitraum sollte lang genug sein, z. B. nur bedingt einen Monat oder eine Woche umfassen. Innerhalb des Basiszeitraumes sollten auch keine den Energieverbrauch außerordentlich beeinflussenden Ereignisse, z. B. größere Umbauten oder Produktionsausfälle, stattgefunden haben.

Die Ausgangsbasis sollte regelmäßig auf ihre Aussagefähigkeit im Zuge der energetischen Bewertung beurteilt werden.

Im Sinne der ISO 50001 ist die Basis unter bestimmten Voraussetzungen anzupassen, vor Allem, wenn ein Vergleich zwischen aktueller Periode und Baseline nicht mehr aussagekräftig wäre.

Dies tritt unter folgenden Situationen auf:

- Die Kennzahlen (EnPIs) sind nicht länger aussagekräftig, bzw. es wurden Neue eingeführt. Dies kann erforderlich sein, wenn im Betrieb des Energiemanagement festgestellt wird, dass bestehende Kennzahlen nicht den Steuerungseffekt haben, der ursprünglich mit ihnen verknüpft wurde oder bei einzelnen Prozessen das Fehlen von Kennzahlen festgestellt wird.
- Prozesse oder Anlagen wurden verändert, was zu größeren Verbrauchsänderungen oder Verschiebungen im Energiefluss führte. Dies führt vor Allem zu einer Änderung der statischen Faktoren, die im Zuge der Kennzahlenentwicklung betrachtet wurden (Abschn. 6.4).
- Es wurde vorab festgelegt, die Basis regelmäßig oder unter definierten Umständen neu festzulegen.

Die Basis muss dokumentiert werden und es ist sicherzustellen, dass die Daten auch in Zukunft zur Verfügung stehen.

Alle Folgedaten werden auf diese Ausgangsbasis bereinigt. Dies geschieht, um z. B. Witterungsfaktoren oder Veränderungen in den Produktionsprozessen auszuschließen. Das heißt die Daten des aktuellen Betrachtungszeitraumes werden mit Hilfe von Kennzahlen geglättet, z. B. um mit Hilfe von Gradtagzahlen die Auswirkungen des Wetters oder mit Hilfe von Produktionsmengen die Schwankungen in der Produktionsauslastung aus dem Vergleich auszuschließen.

Auch zur Festlegung einer aussagefähigen Ausgangsbasis kann analog der Entwicklung belastbarer Kennzahlen die ISO 50006 als Leitfaden genutzt werden.

6.6 Planung der energiebezogenen Datensammlung

Die ISO 50001 fordert eine Überwachung, Messung und Analyse von folgenden Merkmalen innerhalb des Energiemanagementsystem, da diese die energiebezogene Leistung des Unternehmens wesentlich mitbestimmen:

- Relevante Variablen mit Einfluss auf die wesentlichen Energieeinsatzbereiche
- Energieverbrauch in den wesentlichen Einsatzbereichen und für das gesamte Unternehmen

- Betriebsparameter in den wesentlichen Bereichen
- Statische Faktoren (Abschn. 6.4)
- Daten für die Wirksamkeitsbewertung in den Aktionsplänen

Die Aufnahme der o. g. Daten sollte, wenn möglich durch Messungen erfolgen. Dies kann insbesondere in kleineren Unternehmen über die Hauptzähler der Energieversorgungsunternehmen geschehen. Die Aufteilung dieser Gesamtverbräuche erfolgt über Kurzzeitmessungen oder es werden unternehmenseigene Messeinrichtungen mit festen Zählern und eventuell spezieller Auswertungssoftware eingerichtet. Dieser zweite Ansatz ist vor Allem für größere Unternehmen sinnvoll, liegt aber immer im Ermessen des Unternehmens und dessen wirtschaftlicher Möglichkeiten.

Im Rahmen der Entwicklung und Einführung eines Energiemanagementsystems nach ISO 50001 wird unter Berücksichtigung der o. g. Mindestvorgaben geplant, ob und wie gemessen wird und die Messungen werden entsprechend den festgelegten Vorgaben durchgeführt. Über die Planung und Durchführung der Messungen sowie über die Mess- und Prüfmittel selbst sind Aufzeichnungen zu führen. Dies beinhaltet einen Plan über alle benötigten Daten mit Aussagen zu der Erfassungsmethode und der Häufigkeit.

Für alle zu überwachenden Werten sollte entschieden werden, ob eine klassische Messung notwendig ist, oder ob eine reine Berechnung eventuell gestützt durch zeitlich begrenzte Messungen ausreichend ist.

Die Wahl der Messeinrichtungen obliegt hierbei dem Unternehmen. Es muss jedoch sichergestellt sein, dass die erhobenen Daten und die Ergebnisse von Prüfungen genaue und wiederholbare Werte liefern. Für Zähleinrichtungen erfolgt dies über die regelmäßige Kalibrierung gegenüber einer Messnormalen. Diese Kalibrierungen erfolgen durch zugelassene Prüfstellen. Allerdings ist die Kalibrierung von Messeinrichtungen recht kostenintensiv. Werden die Zähler zu Abrechnungszwecken oder der Nachweisführung im Rahmen des Steuerrechts oder der EEG-Umlage genutzt, ist rechtlich teilweise eine Eichung durch die staatlichen Eichämter vorgeschrieben.

Sollen die Werte einzig für das interne Energiemanagement genutzt werden, reicht eine regelmäßige Plausibilisierung der Daten und das eventuelle Justieren der Messeinrichtungen in der Regel aus. Auch eine Gruppenkalibrierung ist eine Variante, um für die Genauigkeit der Daten Sorge zu tragen. Hierbei wird nur ein bestimmter Prozentsatz – mindestens 10 % – der installierten Zähler in festgelegten Abständen nachkalibriert. Werden dabei keine größeren Abweichungen in der Messgenauigkeit festgestellt, kann die Genauigkeit auf die restlichen Zähler übertragen werden.

Für berechnete Daten erfolgt die Prüfung der Werte über eine Plausibilisierung anhand der EVU-Verbrauchswerte, die in der Abrechnung aufgenommen werden sowie über statistische Methoden.

Alle verwendeten Methoden müssen in einem Erfassungskonzept, wie in Tab. 6.5 dargestellt, geplant werden.

Tab. 6.5 Erfassung energiebezogener Daten

Messpunkt	Messwert	Instrument	Kalibrierung	Intervall d. Erfassung	Verantwortlich
Beleuchtung Produktion	Lux-Wert	Mobiler Luxmesser	XX.XX.2019	Halbjährlich	Haustechnik
Beleuchtung Produktion	Stromverbrauch	Berechnung über Leistungsaufnahme gemäß Systemtyp und Betriebszeiten gemäß Personalplanung	Entfällt	Jährlich	Haustechnik
Klimatisierung Produktion	Stromaufnahme	Stromzähler	XX.XX.2019	Monatlich	Haustechnik
Klimatisierung Produktion	Betriebsstunden	Betriebsstundenzähler	XX.XX.2019	Monatlich	Haustechnik
Klimatisierung Produktion	Kälteleistung	Berechnung über Stromaufnahme gemäß Zähler, Leistungszahl gemäß Auslegung und Betriebsstunden gemäß Zähler	Entfällt	Saisonal	Haustechnik
Trocknung Produktion	Wärmeaufnahme	Wärmemengenzähler	XX.XX.2019	Monatlich	Haustechnik
Trocknung Produktion	Getrocknete Einheiten	Mengenzähler	XX.XX.2019	Monatlich	Produktion
Beleuchtung Verwaltung	Lux-Wert	Mobiler Luxmesser	XX.XX.2019	Halbjährlich	Haustechnik
Heiz-Zentrale	Brennstoffverbrauch	Gaszähler	XX.XX.2019	Monatlich	Haustechnik
Trafo-Station	Stromverbrauch	EVU-Zähler	XX.XX.2019	15-min Lastgang	Haustechnik

Die Norm ISO 50015 stellt allgemeine Grundsätze und Leitlinien für die Erfassung und Überprüfung der energiebezogenen Leistung eines Unternehmens bereit. Darunter werden auch die Entwicklung und Einführung eines Datenerfassungsplanes beschrieben. Die Vorgehensweise erfüllt die Anforderungen der ISO 50001 und stellt somit Best-Practice dar.

Unterstützung 7

Im Kap. 7 „Unterstützung" stellt die ISO 50001 die Anforderungen an die Ressourcenbereitstellung und insbesondere die Befähigung und das Bewusstsein des internen und externen Personals auf. Hierzu definiert sie ergänzende Regeln zur Kommunikation innerhalb des Energiemanagementsystems sowie zum Umgang mit benötigten Informationen.

7.1 Ressourcen

Bei der Bereitstellung der notwendigen Ressourcen sind nicht nur die Entwicklung und Einführung des Energiemanagementsystem, sondern auch die Aufrechterhaltung und fortlaufende Weiterentwicklung zu beachten. Des Weiteren müssen die Anforderungen an die Qualifikation und an das Bewusstsein der Mitarbeiter (Abschn. 7.2 und 7.3), die Anforderungen an die Beschaffung technischer Mittel (Abschn. 8.3) sowie die notwendigen finanziellen und zeitlichen Ressourcen für die Umsetzung der Aktionspläne (Abschn. 6.2) und die regelmäßigen Aufgaben im Energieteam (Abschn. 5.3) in die Ressourcenplanung einbezogen werden. Dabei fordert die ISO 50001 zwar eine Bestimmung der notwendigen Ressourcen, erzwingt aber keine zentrale Aufzeichnung dieser. Somit erfolgt der Nachweis über die o. g. Informationen.

© Springer Fachmedien Wiesbaden GmbH, ein Teil von Springer Nature 2020   35
M. Geilhausen, *Kompakter Leitfaden für Energiemanager,* essentials,
https://doi.org/10.1007/978-3-658-28853-2_7

7.2 Kompetenz

Innerhalb eines Energiemanagementsystem ist es Aufgabe des Unternehmens die Befähigung der internen und externen Mitarbeiter sowie der Lieferanten und Dienstleister, die mit den wesentlichen Energieeinsatzbereichen und dem Betrieb des Energiemanagementsystem zu tun haben sicherzustellen.
Dies erfolgt u. a. durch diese Tätigkeiten:

1. Festlegung der Mitarbeiter oder Stellen, die wesentlichen Einfluss auf die Energiebereiche des Unternehmens haben oder innerhalb des Energiemanagementsystems wesentliche Funktionen erfüllen.
2. Definition der benötigten Kompetenzen und Fähigkeiten.
3. Ermittlung der erforderlichen Bildungsmaßnahmen.
4. Durchführung von oder Teilnahme an Schulungen, Seminaren oder Veranstaltungen zum Erfahrungsaustausch.
5. Dokumentation des gesamten Vorgangs.

Aus der energetischen Bewertung sind die Bereiche und Anlagen bekannt, die wesentlich für den Energieverbrauch und die Energieeffizienz des Unternehmens verantwortlich sind (Abschn. 6.3). Zur Planung der Mitarbeiterqualifikation wurde im Zuge der energetischen Bewertung ausgearbeitet, welche Stellen, Positionen und Mitarbeiter mit den wesentlichen Energieeinsatzbereichen innerhalb der allgemeinen Betriebsabläufe und Instandhaltungs-Tätigkeiten zu tun haben. Mitarbeiter mit Aufgaben innerhalb des Energiemanagementsystem im Allgemeinen werden durch die oberste Leitung im Zuge ihrer Verantwortung zur Regelung der Befugnisse und die Bildung eines Energiemanagement-Teams festgelegt (Abschn. 5.3).
Eine Vorgehensweise ist, zuerst eine Verantwortungsmatrix als Basis zu entwickeln. In dieser werden alle wesentlichen Tätigkeiten an den Anlagen sowie innerhalb des Energiemanagementsystem aufgelistet und es wird definiert, welche Stelle für die Durchführung verantwortlich, bzw. aufgrund der Organisationsstruktur des Unternehmens mit der Abwicklung betraut ist. Des Weiteren lässt sich in der Verantwortungsmatrix ebenfalls festlegen, welche Stellen bei entsprechenden Tätigkeiten mit einbezogen, bzw. informiert werden müssen.
Im zweiten Schritt der Schulungsplanung folgt die Festlegung, welche Anforderungen an die Kompetenzen der Mitarbeiter gestellt werden. Hierzu sollte eine Kompetenzmatrix entworfen werden. In dieser wird übersichtlich dargestellt, welche Anforderungen einzelne Stellen im Unternehmen erfüllen müssen.

Tab. 7.1 Schulungsplan

Mitarbeiter	Kompetenz	Schulung	Ort/Termin
Maschinenführer Herr Alt	Bedienung Trockner	Einarbeitung durch Schichtleitung	In-House Oktober 2019
Mitarbeiter Energiemanagement Herr Neu	Grundlagen Energierecht	Grundlagenschulung Energierecht	Musterstadt 13.–15. November 2019
Mitarbeiter Energiemanagement Herr Neu	Auffrischung Energierecht/ Neuerung im Recht	Erfahrungsaustausch mit Neuerungen im Energierecht	Online-Schulung Jährlich 3. Quartal
Mitarbeiter Einkauf technische Komponenten Herr Technik	Wissen über aktuellen Stand der Technik	Besuch einer Fachmesse für elektrische Antriebe	Technikhausen 18.+19. November 2019
Energiemanagement-beauftragter Herr Energie	Wissen ISO 19011	Energiemanagement-Auditoren-Schulung	Wissensdorf 16.–20. Dezember 2019
Haustechniker Herr Inspekt	LED-Technik	Erfahrungsaustausch LED in Produktionsbetrieben	Schulheim 18. November 2019

Zeigen sich Abweichungen zu den benötigten Kompetenzen, werden die jeweiligen Mitarbeiter zu Fortbildungsmaßnahmen oder Erfahrungsaustäuschen eingeplant. Zu berücksichtigen sind auch Anforderungen an Qualifikationen, die aktuell gehalten werden müssen, z. B. durch regelmäßige Fortbildungen oder den Besuch von Messen. Diese werden übersichtlich in einem Schulungsplan wie in Tab. 7.1 dargestellt.

7.3 Bewusstsein

Vorgabe der ISO 50001 ist, dass alle internen und externen Mitarbeiter, Lieferanten und Dienstleister über folgende Themen Kenntnis haben, bzw. den folgenden Themen bewusst sind:

a) Bedeutung der Konformität ihrer Tätigkeit mit der Energiepolitik, den Verfahren im Energiemanagementsystem und den geltenden Anforderungen
b) eigene Aufgaben, Verantwortlichkeiten und Befugnisse

c) Vorteile einer Verbesserung der energetischen Leistung
d) Einfluss der Tätigkeit auf die energetische Leistung, den Verbrauch und auf
   die Ziele sowie die Folgen, wenn Anforderungen nicht eingehalten werden

Die nötigen Kenntnisse können durch Workshops, Informationsveranstaltungen, Aushänge und Newsletter vermittelt werden. Zu beachten ist, dass insbesondere die Energiepolitik aktiv kommuniziert werden muss, d. h. es ist erforderlich, dass die Geschäftsführung oder der Energiemanagementbeauftragte mit seinem Team den Mitarbeitern die Politik vorstellt und erklärt. Dies kann im Rahmen jährlicher Unterweisungen stattfinden.

Die Information der externen Mitarbeiter, Lieferanten und Dienstleister kann bei bestehenden Verträgen durch ein formelles Schreiben oder ebenfalls durch eine Informationsveranstaltung geschehen. Für neu abzuschließende Verträge sind folgende Punkte in die Beauftragung zu integrieren: die Energiepolitik, die Vorgaben an die zu erfüllenden Abläufe und die zu erstellende Dokumentation. Eine weitere Möglichkeit ist, einen Informationsflyer zu erstellen und diesen an der Pforte jeder externen Person auszuhändigen. Best-Practice stellt dar, die Unterweisung der externen Partner analog dem Arbeitsschutz durch regelmäßige Präsenz-Veranstaltungen sicherzustellen.

7.4   Kommunikation

Allgemeine Themen des Energiemanagementsystems, wie die Energiepolitik, die Ziele und die Verfahrensanweisungen werden durch das Unternehmen intern kommuniziert, um die erfolgreiche Umsetzung des Energiemanagementsystem in der betrieblichen Praxis sicherzustellen.

Intern bedeutet im Sinne der ISO 50001, alle internen und externen Mitarbeiter, Lieferanten und Dienstleister, die im Auftrag des Unternehmens durch ihre Tätigkeiten auf den Energieverbrauch und die Energieeffizienz Einfluss nehmen oder nehmen können. Aber auch eine regelmäßige Information der Mitarbeiter aus anderen Bereichen führt langfristig zu einer höheren Sensibilisierung für die Themen Energieeffizienz und Ressourcenschonung und somit zu einer besseren Integration des Energiemanagementsystem in die Kultur des Unternehmens.

Zur Einbindung aller Beteiligten in die Verbesserung der Energienutzung, ist es im Sinne der ISO 50001 erforderlich, ein Verfahren für die Abgabe von Verbesserungsvorschlägen oder Kommentaren zum Energiemanagementsystem sowie dem Themenfeld Energie zu entwickeln und einzuführen. Dieses Verfahren muss von allen internen und externen Mitarbeitern, Lieferanten und Dienstleistern nutzbar sein. Es sind auch unterschiedliche Verfahren denkbar und erlaubt. Eine mögliche Ausgestaltung sind Ideen-Briefkästen, regelmäßige Umfragen oder interaktive Software-Lösungen im Inter- oder Intranet. Neben Regelungen für die interne Kommunikation ist von der Geschäftsführung zu entscheiden, ob und wie sie die Politik, aber auch andere Bestandteile des Energiemanagementsystems, extern kommunizieren will. Zur externen Kommunikation des Energiemanagementsystems außerhalb der Energiepolitik (Abschn. 5.2) gibt es keine konkreten Vorgaben in der ISO 50001. Daher sollte jedes Unternehmen für sich entscheiden, in wie weit es die Themen des Energiemanagementsystem nach außen darstellen möchte.

Allerdings gibt es parallel zu dieser Grundsatzentscheidung für ein Unternehmen energierelevante Themen, deren externe Kommunikation in einigen Fällen erforderlich ist. Externe Adressaten der Kommunikation können aus den verschiedensten Sparten und Umfeldern des Unternehmens kommen.

Sind alle erforderlichen und gewollten Kommunikationswege festgelegt, obliegt es dem Unternehmen sowohl Struktur und Form der Kommunikation zu definieren als auch zu regeln, wer verantwortlich ist, welche Themen für welchen Adressaten bestimmt sind und in welcher Regelmäßigkeit die Kommunikation stattfinden soll.

7.5 Dokumentierte Information

Für eine erfolgreiche Organisation des Energiemanagementsystems ist die Dokumentation aller für die Systembausteine benötigten Informationen wichtig. Die Norm gibt im Rahmen der Anforderungen einige der mindestens zu dokumentierenden Inhalte vor (Abschn. 11.1). Des Weiteren darf das Unternehmen alle Dokumente, die es für sein Energiemanagementsystem als relevant einstuft (z. B. Energieverträge, Unterlagen im Zusammenhang mit nicht-wesentlichen Energieeinsatzbereichen, Wartungsverträge usw.) in die Dokumentation einbinden. Alle in die Dokumentation eingebundenen Unterlagen, müssen nach Normenvorgaben gelenkt und zwingend eingehalten werden. Daher empfiehlt es sich, genau zu prüfen, in wie weit die Einbindung nicht zwingender Unterlagen in die Energiemanagementsystem-Dokumentation für das Unternehmen und den Umgang mit dem Thema Energie Sinn macht.

Ein Handbuch ist in der ISO 50001 nicht explizit gefordert, trotzdem wird in den meisten Fällen die Dokumentation eines Energiemanagementsystems wie nachfolgend strukturiert.

Ein Handbuch beschreibt allgemein den Geltungsbereich des Systems und enthält eine Übersicht über alle Prozesse und deren Verknüpfung. Es kann zusätzlich Aussagen zur Politik, zur Festlegung von grundsätzlichen Verantwortlichkeiten und der Organisationsstruktur enthalten. Außerdem können Regelungen zur Überwachung der Prozesse und des Managementsystems festgelegt werden. Die Regelungen im Handbuch werden konkretisiert und unterstützt durch weitergehende Dokumente wie Prozessbeschreibungen, Richtlinien und Formulare. In diesen sind die Abläufe der internen Prozesse bzw. Verfahren dargestellt. Dazu gehören die Darlegung der Prozessschritte und deren Zuständigkeiten, sowie die zu berücksichtigenden Informationen. Die Beschreibungen in der Prozessübersicht können durch Ablaufschemen und Richtlinien ergänzt werden. Richtlinien sind Arbeitsanweisungen, die Festlegungen zu wichtigen Tätigkeiten enthalten. Dies können Betriebs-, Arbeits- oder Prüfanweisungen sein. Formulare sind innerhalb des Durchlaufes bestimmter Prozesse oder Tätigkeiten ergänzend zu nutzende Vorlagen. Aufzeichnungen dienen dem Nachweis von Dienstleistungs- und Prozessqualität, dem Nachweis der Einhaltung von Anforderungen der Norm sowie von Kunden, Behörden, Mitarbeitern und sonstigen interessierten Kreisen. Auch der Nachweis der Wirksamkeit des Managementsystems und dessen fortlaufenden Verbesserung ist eine wichtige Aufzeichnung.

Grundlegend muss im Unternehmen die Aufbewahrung und Wiederauffindbarkeit sowie die dauerhafte Lesbarkeit, Identifizierbarkeit und Rückverfolgbarkeit von Aufzeichnungen sichergestellt werden. Dabei ist zu berücksichtigen, dass ein Energiemanagementsystem und damit dessen Kerndokumente in Deutschland für die meisten Unternehmen eine rechtliche bzw. steuerrechtliche Relevanz haben und daher Mindest-Fristen gewahrt werden müssen.

Alle Ebenen der Dokumentationsstruktur enthalten Informationen, die zwingend in der täglichen Arbeit zu beachten und einzuhalten sind bzw. der Nachweisführung dienen. Daher müssen sie strukturiert gelenkt werden. Das heißt alle Tätigkeiten rund um die Erstellung, Nutzung und Archivierung sollten klar definiert sein.

Gemäß der ISO 50001 gehört zur Lenkung der dokumentierten Informationen ein Verfahren, das die regelmäßige Kontrolle der dokumentierten Informationen sicherstellt. Innerhalb des Verfahrens sind folgende Schritte zu regeln:

- Kennzeichnung der Information, z. B. in Form des Status (in Bearbeitung, Freigegeben, Zurückgezogen, Ungültig usw.), der Aktualität (Revisionsstand und Freigabedatum) oder des Erstellers (Autor, Freigebender)
- Angemessenheit des Formats und Mediums (frei wählbar)
- Regelmäßigkeit der Prüfungen, Aktualisierungen und Freigaben
- Verfügbarkeit der Dokumente für alle internen und externen Mitarbeiter einschließlich Verteilung, Zugriff, Auffindung
- Schutz vor Verfälschung, Verlust und unsachgemäßem Gebrauch
- Speicherung und Ablage
- Datenpersistenz (Dauerhafte Lesbarkeit und Erkennbarkeit)
- Umgang mit externen Dokumenten und Informationen
- Umgang mit veralteten bzw. ungültigen Dokumenten

Alle Informationen können in elektronischer Form vorliegen und bedürfen daher besonderer Formen des Schutzes vor Zugriff und Speicherung. Für sensible Daten mit Mitarbeiter- oder Kundeninformationen sowie wichtigen Daten der Auftragsabwicklung und Unternehmensführung ist der Zugriff nur einem autorisierten Personenkreis möglich zu machen.

Betrieb

Ein Unternehmen muss zur Einführung eines Energiemanagementsystems die Ergebnisse der Planung berücksichtigen, d. h. alle weiteren Schritte erfolgen auf Grundlage der in der Planung festgelegten und festgestellten Sachverhalte.

8.1 Betrieblich Planung und Steuerung

Die in der alten ISO 50001 als *Ablauflenkung* bezeichnete Prozesssteuerung dient der Planung und Umsetzung sowohl energieintensiver Prozesse und Abläufe in den wesentlichen Energieeinsatzbereichen als auch der organisatorischen Verfahren des Managementsystems. Die Abläufe im Unternehmen, die im Zusammenhang mit den wesentlichen Energiethemen stehen, wurden bereits im Zuge der energetischen Bewertung ermittelt (Abschn. 6.3) und sollen in der Ablauflenkung in Bezug auf bestehende bzw. fehlende Regelungen betrachten werden. Außerdem sind die von der ISO 50001 geforderten Verfahren zwingend zu regeln.

Für die Abläufe und Tätigkeiten mit wesentlichem Einfluss auf Energieverbrauch und -effizienz ist es erforderlich, diese mit konkreten Vorgaben zu belegen, um eine dauerhafte Sicherstellung der aktuellen Energieeffizienz zu gewährleisten. Ein anderer Aspekt ist, durch die fortlaufende Verbesserung der Prozesse eine Steigerung der Energieeffizienz oder eine Verringerung des Energieverbrauches zu erreichen.

Für diese Prozesse und Verfahren sind klare Rahmenbedingungen zu schaffen. Dies erfolgt durch:

- die Festlegung von Kriterien und Vorgaben
- die Umsetzung dieser

© Springer Fachmedien Wiesbaden GmbH, ein Teil von Springer Nature 2020
M. Geilhausen, *Kompakter Leitfaden für Energiemanager,* essentials,
https://doi.org/10.1007/978-3-658-28853-2_8

- die Unterweisung interner und externer Personen
- die Überwachung der Kriterien und Vorgaben

Kriterien und Vorgaben können neben der Verantwortlichkeit für die Durchführung des Prozesses auch zu nutzende Dokumente und zu erstellende Aufzeichnungen sein. Des Weiteren enthalten Regelungen zu Prozessen und
Verfahren Angaben zu Software und anderen Hilfsmitteln sowie wichtige Parameter an den Anlagen(z. B. An- und Ausschaltzeiten, Druck, Volumenströme,
Schwellenwerte und Kennlinien). Diese Betriebsparameter müssen in das Daten-
erfassungskonzept des Managementsystems (Abschn. 6.6) integriert werden.

Die Umsetzung der Kriterien und Vorgaben wird durch Verfahrensanweisungen und die Kommunikation der Abläufe gegenüber den internen und
externen Mitarbeitern, Dienstleistern und Lieferanten erreicht.

Im Rahmen der Revision der ISO 50001 wurde die Prozesslenkung auch auf
Abläufe an wesentlichen Energieeinsatzbereichen ausgeweitet, die eventuell
außerhalb des Anwendungsbereiches des Managementsystems des Unternehmens
liegen. Dies kann zum Beispiel Prozesse im Rahmen des Contracting umfassen.
Andere ausgegliederte Prozesse können der Betrieb und die Instandhaltung
an Anlagen des Vermieters sein, deren Betriebsweise durch das Unternehmen
bestimmt werden und deren Energieverbrauch eine wesentliche Rolle einnehmen.

8.2   Auslegung

Jegliche Veränderungen an den Ressourcen (Anlagen, Standorten, Einrichtungen)
oder innerhalb der Struktur eines Unternehmens, die den wesentlichen Energieeinsatz des Unternehmens beeinflussen können, erfordern es, im Vorfeld die
Auswirkungen auf den Energieverbrauch und/oder die Energieeffizienz über die
geplante Nutzungsdauer zu bewerten. Diese Betrachtungen sind, wenn möglich
in die Beschreibung der Änderungen oder der zu beschaffenden Ressourcen einzubeziehen. Diese von der Norm geforderte Bewertung der energetischen Auswirkungen bereits vor der Beschaffung muss vom Unternehmen dokumentiert
werden.

Die Auslegung von Anlagen wird durch die technischen Parameter des
Betriebes bestimmt. Daher muss eine Neu- oder Ersatzbeschaffung von tech-
nischen Ressourcen vor der Einleitung des Einkaufes durch die technische
Abteilung bewertet werden. In der Planung werden die wichtigsten Daten zum
Betrieb der Anlage ermittelt. Aus den ermittelten Betriebsdaten ergibt sich ein
Anforderungskatalog für die Beschaffung, der meist durch Budgetvorgaben,

vorgegebene Amortisationszeiten und geplante Termine für Errichtung und Inbetriebnahme ergänzt wird.

Die ISO 50001 fordert, dass zusätzlich zu diesen Parametern, die oft stark produktionsspezifisch oder kostenbezogen sind, Anforderungen an die Energieeffizienz gestellt werden. Für eine Ersatzbeschaffung ist es daher notwendig, den Energieeinsatz der bisherigen Anlage zu kennen. Falls keine Messungen vorhanden sind, ist eine Berechnung über die installierte Leistung und die Betriebszeiten nötig. Nur wenn entsprechende Energiekennwerte vorliegen, kann eine Neuanlage gegenüber der Altanlage aus energetischer Sicht bewertet werden. In den meisten Fällen erfolgt mit einem Fachplaner eine genaue Berechnung der Kosten und Erlöse über die geplante Nutzungsdauer, um eine Entscheidung zugunsten einer Anlagenvariante treffen zu können.

Die Vorgaben an den Energieeinsatz der neuen Anlagen werden der Einkaufsabteilung mitgeteilt. Diese Mitteilung sollte schriftlich erfolgen, um neben den durchgeführten Berechnungen dem Nachweis der Erfüllung der Normenanforderung zur Auslegung technischer Ressourcen zu dienen.

Schwierig ist die Umsetzung der Auslegungsanforderung der Norm im Falle organisatorischer Änderungen innerhalb des Unternehmens z. B. bei der Umstellung auf Mehrschichtbetrieb. Hierzu wird betrachtet, ob der Prozess, der geändert werden soll, Einfluss auf die wesentlichen Energieeinsatzbereiche des Unternehmens hat. Anschließend muss betrachtet werden, in wie weit sich die geplanten Änderungen aus energetischer Sicht auswirken. Ergeben sich energierelevante Änderungen im Prozess, werden die einzelnen Teilschritte miteinander verglichen, um herauszufinden, wo die maßgeblichen Verschiebungen im Energieeinfluss entstehen. Die Prüfung in welchem Ausmaß sich der Energieeinsatz verändert, erfolgt durch Messung oder Berechnung der bisherigen Tätigkeit und Abschätzung der geplanten Tätigkeit.

Ergibt der Vergleich eine Verschlechterung im Energieeinsatz, ist es erforderlich, dass in den Fachabteilungen Überlegungen angestellt werden, wie die geplante Änderung umgestaltet werden könnten, damit sich zumindest eine gleichbleibende Auswirkung einstellt.

8.3 Beschaffung

Innerhalb des Unternehmens müssen Vorgaben für den Einkauf von Energie, technischen Ressourcen und Energiedienstleistungen festgelegt und aufgezeichnet werden. Daher wird auch die Beschaffung in die Ablauflenkung integriert (Abschn. 8.1).

Beispiele solcher Vorgaben sind:

- Rücksprache mit den Fachabteilungen über technischen Einrichtungen ab einer bestimmten Anschlussleistung.
- Anteil regenerativer Energie am Gesamtbeschaffungsvolumen, z. B. 15 % Ökostrom oder 25 % Biogas.
- Verknüpfung der Vergabe von Energielieferung und -dienstleistungen an eine anschließende Effizienzberatung.

Sollen technische Anlagen angeschafft werden, ist die Energieeffizienz bzw. der Energieverbrauch über die gesamte Nutzungsdauer als Kriterium einzubeziehen. Eine Betrachtung über den Teil des Lebenszyklus, in dem die Anlage sich im Unternehmen befindet, zeigt oft, dass vermeintlich günstigere Anschaffungen über einen gewissen Zeitraum teurer sind als hoch- oder höher-investive Maßnahmen. Dies wird bedingt durch eine meist schlechtere Energieeffizienz und den damit verbundenen höheren Energie- und Betriebskosten. Um solch eine Betrachtung durchführen zu können, ist es eine Aufgabe des Einkaufs bei der Einholung von Angeboten, neben der Einhaltung der Anforderungen aus der Auslegung, auch Informationen zum Energieverbrauch der Anlage in Bezug zu den geplanten Betriebsparametern abzurufen.

Im Bereich der Beschaffung von Energiedienstleistungen fällt die Bewertung aufgrund energetischer Gesichtspunkte weit schwieriger aus. Hier können Vorgaben zu bestehenden Managementsystemen aus den Bereichen Energie (ISO 50001), Umwelt (ISO 14001) und Qualität (ISO 9001) beim Dienstleister sowie Vorgaben zur Qualifikation der Mitarbeiter ausgearbeitet werden.

Das Unternehmen muss im Zuge der Ausschreibung seine Lieferanten informieren, dass die Bewertung der Energieeffizienz in die Auswahl bei der Ausschreibung einfließt.

Bewertung der Leistung 9

Neben der Überwachung energetischer Kennzahlen und Daten durch Messungen ist es innerhalb eines Energiemanagementsystems nach ISO 50001 erforderlich, auch das System regelmäßig zu überwachen. Für diese Systemprüfung nennt die Norm die Verfahren des internen Audits und der Management-Bewertung.

9.1 Überwachung, Messung, Analyse und Bewertung

Auf Basis der Vorgaben des Datenerfassungskonzeptes (Abschn. 6.6) werden Analysen zur Entwicklung der energiebezogenen Leistung, der Wirksamkeit von Aktionsplänen, den Betriebsparametern im Rahmen der Prozesssteuerung sowie ein Soll-Ist-Vergleich mit der Prognose gefordert.

Kommt es zu Abweichungen von Zielvorgaben oder zu nicht plausiblen Werten, müssen die festgelegten Messungen und Berechnungen entsprechend überprüft und die Abweichungen bzw. Nicht-Plausibilitäten bewertet werden. Konnten methodische Fehler ausgeschlossen werden, gilt es die Ursache für die negative oder auch positive Entwicklung in den Daten zu finden. Dabei spielen noch nicht erkannte Einflussparameter ebenso eine Rolle, wie bewusst durchgeführte Maßnahmen und ungewollte Abweichungen von den Vorgaben. Die Ergebnisse sind im Rahmen von Energiemanagement-Team-Sitzungen mit den entsprechenden Bereichsverantwortlichen zu klären und entsprechende Korrekturmaßnahmen einzuleiten (Abschn. 10.1).

Das Reporting der Kennzahlen und ihrer Entwicklungen ist wesentlicher Bestandteil des Berichtswesens im Energiemanagementsystem (Abschn. 7.4).

© Springer Fachmedien Wiesbaden GmbH, ein Teil von Springer Nature 2020
M. Geilhausen, *Kompakter Leitfaden für Energiemanager*, essentials,
https://doi.org/10.1007/978-3-658-28853-2_9

Neben der Überwachung der energiebezogenen Leistung muss das Unternehmen regelmäßig prüfen, ob die ermittelten Anforderungen (Abschn. 4.2) eingehalten werden. Eine Variante besteht darin, die Anforderungen direkt durch den Rechtsgebietsverantwortlichen, der im Zuge der Ermittlung und Aufnahme der Verpflichtungen im Rechtsverzeichnis definiert wurde, prüfen zu lassen. Auch in ein internes Audit lassen sich rechtliche Vorgaben als zu prüfende Kriterien einbeziehen.

Über die Prüfung der Anforderungen auf ihre Einhaltung sind in Bezug auf die ISO 50001 Aufzeichnungen zu führen. Dies kann z. B. über Eintragung der Prüfungsergebnisse in das Rechtsverzeichnis sichergestellt werden.

9.2 Internes Audit

Zur Aufrechterhaltung eines Energiemanagementsystems werden in geplanten Abständen interne Audits durchgeführt. Dies ist aus Normensicht erforderlich, um das System regelmäßig auf folgende Punkte zu prüfen:

- Konformität mit den Anforderungen der ISO 50001 und der Systemdokumentation,
- Übereinstimmung der Ausgestaltung des Systems mit den geplanten Zielen,
- Wirksamkeit des Energiemanagementsystem und die fortlaufende Verbesserung der energetischen Leistung.

Zur Planung interner Audits ist es notwendig, ein Auditprogramm, wie beispielhaft in Tab. 9.1 dargestellt, unter Berücksichtigung der Energierelevanz der Bereiche und der Ergebnisse der letzten Audits zu erstellen. Dabei werden der Termin und die Dauer des Audits in einzelnen Unternehmensbereichen festgelegt. Bereiche mit hoher Energierelevanz und negativen Auditergebnissen in der Vergangenheit werden häufiger und länger auditiert als Bereiche ohne direkten Bezug zum Energiemanagement bzw. mit positiven Ergebnissen bisheriger Audits.

Im Rahmen der Erstellung des Auditprogramms werden neben der Auditmethode auch die Auditkriterien und der Umfang des Audits definiert.

Im Rahmen der Auditprogrammplanung können auch Auditintervalle größer einem Jahr definiert werden, wenn die Risiko-Analyse des Bereiches dies ermöglicht und die Aussagekraft des Audits nicht beeinträchtigt wird. Dieser risikobasierte Planungsansatz setzt eine einmalige Auditierung aller Standorte

Tab. 9.1 Auditprogramm

Abteilung	Termin	Dauer	Themen/Kriterien	Auditoren	Methode	Intervall
Wareneingang/Lager	XX.XX.2019	1 d	Ablauflenkung, Schulung, Ziele	Herr Energie	Vor-Ort-Begehung	2 Jahre
Trocknung/Vorbereitung	XX.XX.2019	1 d	Ablauflenkung, Schulung, Ziele	Herr Energie	Vor-Ort-Begehung	1 Jahr
Hauptproduktion	XX.XX.2019	1 d	Ablauflenkung, Schulung, Ziele	Herr Energie	Vor-Ort-Begehung	6 Monate
Produktionsleitung	XX.XX.2019	0,5 d	Ablauflenkung, Ziele, Aktionsplan, Kennzahlen	Herr Energie	Vor-Ort-Begehung	1 Jahr
Rechtsabteilung	XX.XX.2019	0,5 d	Rechtsverzeichnis	Herr Prüfer	Video-Konferenz	1 Jahr
Haustechnik	XX.XX.2019	1 d	Messungen, Ziele, Aktionsplan	Herr Energie	Vor-Ort-Begehung	6 Monate
Geschäftsleitung	XX.XX.2019	0,5 d	Politik, Ziele, Personal, Management-Bewertung	Herr Energie	Telefon-Konferenz	1 Jahr
Energie-Management	XX.XX.2019	1 d	Dokumentenlenkung, Energetische Bewertung, Auditplanung,	Herr Prüfer	Besprechung mit Online-Zugang zu Unterlagen	1 Jahr

und Unternehmensbereiche voraus. Dies sollte vor der erstmaligen Zertifizierung erfolgen.

Bei der Festlegung der Auditoren ist zwingend darauf zu achten, dass diese objektiv und unparteiisch sind. Dies kann durch Auswahl von Personen erreicht werden, die organisatorisch unabhängig vom auditierten Bereich beschäftigt werden. In Tab. 9.1 ist z. B. ersichtlich, dass alle Bereiche, die in die Verantwortung des Energiemanagementbeauftragten Herrn *Energie* fallen, bzw. der Rechtsbereich, in dem das von Herrn *Energie* mit erstellte Rechtsverzeichnis auditiert wird, durch einen anderen Auditor erarbeitet werden. Alle Bereiche, in denen Herr *Energie* keine Verantwortlichkeiten hat, können von ihm als Energiemanagementbeauftragten auditiert werden.

Für jeden zu auditierenden Unternehmensbereich wird ein Audittagesplan erstellt. Dieser bildet den zeitlichen Ablauf des Audits, die anzusprechenden Themen und die Ansprechpartner ab. Er wird gezielt auf die definierten Auditkriterien abgestellt, d. h. welche Anforderungen im Bereich geprüft werden können. Nicht jeder Unternehmensbereich ist gleichermaßen von den Vorgaben der ISO 50001 betroffen.

Über die Auditergebnisse muss gemäß ISO 50001 ein Bericht an die Geschäftsführung und die zuständigen Führungskräfte erfolgen. Dieser stellt nochmals die wesentlichen Inhalte des Audits und die festgestellten Ergebnisse dar. Die Ergebnisse werden im Zuge der Berichterstattung bewertet. Daraus entsteht eine Liste mit Verbesserungspotenzialen oder Aufgaben. Handlungsbedarf besteht immer, wenn Anforderungen nicht erfüllt werden.

9.3   Management-Bewertung

Als abschließender Teil des Checks im PDCA erfolgt eine Überprüfung des Managementsystems auf Wirksamkeit durch die Geschäftsführung. Grundlegendes Ziel dieser Prüfung ist eine klare Bewertung, ob das Energiemanagementsystem in der Lage ist, die gesetzten Ziele zu erreichen und ob die in das System gesetzten Erwartungen erreicht wurden. Weitere Inhalte sind die Überprüfung der Strategie und Politik auf ihre Angemessenheit sowie die Erreichung der Ziele. In der ISO 50001 werden für die regelmäßige Management-Bewertung folgende Mindestinhalte gefordert:

a) Maßnahmen aus der letzten Bewertung
b) Veränderungen im Kontext
c) Energiepolitik

d) Energetische Leistung und Kennzahlen (EnPI)
e) Rechtliche und andere Anforderungen
f) Ziele und Aktionspläne
g) Ergebnisse interner und externer Audits
h) Ergebnisse der Überwachung und Messung
i) Korrektur- und Vorbeugungsmaßnahmen
j) Prognosen der energetischen Leistung
k) Verbesserungsempfehlungen

Durch diesen detaillierten Blick auf das Energiemanagementsystem, wird die Geschäftsführung in die Lage versetzt, wichtige Entscheidungen zu Themen wie die Anpassung der Energiepolitik, Veränderungen in den Kennzahlen und der energetischen Leistung des Unternehmens sowie zu den Zielen und den benötigten Ressourcen zu treffen. Auch sollen die Ergebnisse der Bewertung helfen, die Integration des Managementsystems in die Geschäftsprozesse sowie das Bewusstsein der Mitarbeiter zu verbessern.

Um diese Entscheidungsgrundlage noch fundierter zu gestalten und wichtige Erkenntnisse nicht erst am Jahresende zu treffen, kann die Bewertung auf unterjährige Prüfungen aufgeteilt werden, z. B. in regelmäßig stattfindenden Geschäftsführungssitzungen. Die getroffenen Entscheidungen dienen dabei als Grundlage für einen erneuten Durchlauf der Energieplanung innerhalb des Energiemanagementsystems und stoßen somit einen neuen fortlaufenden Verbesserungsprozess an.

Verbesserung 10

Der letzte Teil des Deming-Regelkreis verbindet die Ergebnisse aus der Überprüfung des Managementsystems und seiner Leistung mit der neuen Planungsperiode. Hierzu ist ein konstruktiver Umgang mit erkannten Fehlern und Schwachstellen unabdingbar.

10.1 Nichtkonformitäten und Korrekturmaßnahmen

Die Erarbeitung von Korrekturmaßnahmen, die Festlegung von Prioritäten und Verantwortlichkeiten, sowie die Überwachung und Verifizierung der Wirksamkeit der durchgeführten Maßnahmen erfolgt in Abhängigkeit der Bedeutung des Problemumfangs. Der Umgang mit Korrekturmaßnahmen beinhaltet folgende Arbeitsschritte:

1. Die Bewertung des Fehlers bzgl. seiner Auswirkungen auf die energetische Leistung
2. Die Durchführung einer Ursachenermittlung
3. Die Ermittlung, ob sofortiger Handlungsbedarf besteht
4. Das Ergreifen angemessener Maßnahmen
5. Die Bewertung, ob das Risiko des Fehlers auch in anderen Bereichen besteht
6. Das Ergreifen von Vorbeugemaßnahmen
7. Die Wirksamkeitsprüfung der umgesetzten Maßnahmen
8. Das Führen von Aufzeichnungen

Neben dem Verfahren zum Umgang mit bereits erkannten Abweichungen, sollte im Unternehmen auch eine Betrachtung auf potenzielle Fehlerquellen erfolgen. Im Rahmen einer ständigen Verbesserung des Managementsystems und

© Springer Fachmedien Wiesbaden GmbH, ein Teil von Springer Nature 2020
M. Geilhausen, *Kompakter Leitfaden für Energiemanager*, essentials,
https://doi.org/10.1007/978-3-658-28853-2_10

der Energienutzung werden potenzielle Fehlerursachen frühzeitig analysiert und beseitigt. Zu diesem Zweck werden vorbeugende Maßnahmen geplant und durchgeführt. Die Analyse von möglichen Abweichungen und die Festlegung von Vorbeugungsmaßnahmen wird im Zuge der Beschreibung operativer Prozesse durchgeführt. Bei der erstmaligen Planung und Ausführung neuer Projekte erfolgt diese Risikobetrachtung im Rahmen der Auslegung (Abschn. 8.2). Eine mögliche Korrekturmaßnahme zur Beseitigung der Ursache von Abweichungen bzw. eine vorbeugende Maßnahme innerhalb eines Energiemanagementsystems ist die Anpassung von Dokumenten. Diese Methode kann in das Risikomanagement des Unternehmens integriert werden (Abschn. 6.1).

10.2   Fortlaufende Verbesserung

Der fortlaufende Verbesserungsprozess (FVP) ist eine dauerhafte und wichtige Aufgabe in einem Managementsystem. Im Mittelpunkt stehen die Optimierung energierelevanter Abläufe und die Schonung der energetischen Ressourcen. Hinsichtlich eines erfolgreichen FVP ist die Anwendung von Korrektur- und Vorbeugungsmaßnahmen unabdingbar, wodurch tatsächliche und potenzielle Fehlerursachen in den Abläufen, an den technischen Anlagen oder am Managementsystem selbst wirksam beseitigt werden (Abschn. 10.1). Berücksichtigt werden müssen Verbesserungsvorschläge und Anregungen sowie Kritik, die aus dem eigenen Unternehmen, von Kunden oder sonstigen interessierten Kreisen kommen können.

Der Nachweis der fortlaufenden Verbesserung in der energiebezogenen Leistung durch geeignete Kennzahlen und der Vergleich mit einer belastbaren Ausgangsbasis ist gemäß ISO 50003 Grundvoraussetzung für eine erfolgreiche Zertifizierung sowie das Aufrechterhalten des Zertifikats. Dabei wird der Trend in der energiebezogenen Leistung und die getroffenen sowie geplanten Maßnahmen berücksichtigt. Der von der ISO 50001 geforderte fortlaufende Verbesserungsprozess darf dabei auch Unterbrechungen und sogar kurzzeitige Verschlechterungen aufweisen. Hier gilt es einen angepassten und mit den Strukturen des Unternehmens einhergehenden Zielfindungs- und Zielerreichungsprozess aufzubauen (Abschn. 6.2).

Wichtig ist in diesem Zusammenhang der belastbare Nachweis. Dieser steht und fällt mit einen entsprechenden Messkonzept, sinnvollen Bilanzgrenzen, angemessenen Kennzahlen und einer vergleichbar definierten und wenn notwendig normalisierten Ausgangsbasis. Hierzu wird an dieser Stelle auf die Kap. 9

und 6 verwiesen. In der ISO 50001 wird die Substitution von Energieträger durch regenerative Energien explizit als Verbesserung der energiebezogenen Leistung ausgenommen.

In der Fokussierung des Energiemanagements auf die Einsparung von Energie und die Steigerung der Energieeffizienz, darf die Forderung der Norm nach einer Weiterentwicklung des Managementsystems nicht vernachlässigt werden. Diese Pflicht zur fortlaufenden Verbesserung des Managementsystems wird durch die Vorgabe nach konkreten Zielen zur Entwicklung des Energiemanagementsystem (Abschn. 6.2) gestärkt.

11.1 Dokumentation nach ISO 50001

Folgende Punkte müssen gemäß ISO 50001 als Bestandteil der Dokumentation, in einer dem Unternehmen überlassenen Form, vorliegen:

- Anwendungsbereich und Grenzen des Energiemanagementsystem
- Energiepolitik
- Ziele und Energieziele
- Aktionspläne
- Ergebnisse der energetischen Bewertung
- Kennzahlenwerte und deren Vergleich zur energetischen Ausgangsbasis
- Die energetische Ausgangsbasis und eventuelle Modifikationen
- Planung der Datenerfassung
- Kompetenznachweise
- Verbesserungsvorschläge aus dem Vorschlagswesen
- Dokumentierte Informationen, die die Organisation als notwendig einstuft
- Externe dokumentierte Informationen, falls notwendig
- Auslegungsergebnisse und Spezifikationen
- Ergebnisse der Überwachung und Messung aller relevanter Parameter für die Energieflussbetrachtung, den Betrieb und die Instandhaltung
- Nachweise über die Verwirklichung des Auditprogramms
- Auditergebnisse
- Ergebnisse der Management-Bewertung
- Nichtkonformitäten und Korrekturmaßmaßnahmen sowie die Ergebnisse der Maßnahmen

© Springer Fachmedien Wiesbaden GmbH, ein Teil von Springer Nature 2020
M. Geilhausen, *Kompakter Leitfaden für Energiemanager,* essentials,
https://doi.org/10.1007/978-3-658-28853-2_11

- Methodik zur Feststellung der Genauigkeit der Datenerfassung
- Prozess für ein Vorschlagswesen
- Prozesse in den wesentlichen Energieeinsatzbereichen bzw. Prozesse mit energetischen Risiken

11.2 Integrierte Managementsysteme

Da alle Managementsystem-Normen der ISO auf gemeinsamen Elementen basieren, ist eine Integration der ISO 50001 in bestehende ohne größeren Aufwand möglich. Von einem integrierten Managementsystem kann gesprochen werden, wenn wesentliche Bestandteile der Systeme nicht parallel, sondern gemeinschaftlich bestehen. Folgende Anforderungen finden sich in allen Management-System-Normen:

- Verstehen der Organisation und ihres Kontextes
- Verstehen der Erfordernisse und Erwartungen interessierter Parteien
- Festlegen des Anwendungsbereichs und der Grenzen
- Managementsystem und seine Prozesse
- Führung und Verpflichtung
- Politik
- Rollen, Verantwortlichkeiten und Befugnisse
- Maßnahmen zum Umgang mit Risiken und Chancen
- Ziele und Planung zu deren Erreichung
- Ressourcen
- Kompetenz
- Bewusstsein
- Kommunikation
- Dokumentierte Information
- Betriebliche Planung und Steuerung
- Überwachung, Messung, Analyse und Bewertung
- Internes Audit
- Managementbewertung
- Nichtkonformität und Korrekturmaßnahmen
- Fortlaufende Verbesserung

Was Sie aus diesem *essential* mitnehmen können

- Was Sie im Unternehmen tun müssen, um eine Zertifizierung nach ISO 50001:2018 anstreben zu können
- Praxisnahe Beispiele für die Umsetzung wesentlicher Anforderungen der ISO 50001:2018
- Welche Änderungen Sie in einem bestehenden Energiemanagement nach ISO 50001:2011 umsetzen müssen, um die Forderungen der neuen Norm zu erfüllen

© Springer Fachmedien Wiesbaden GmbH, ein Teil von Springer Nature 2020
M. Geilhausen, *Kompakter Leitfaden für Energiemanager,* essentials,
https://doi.org/10.1007/978-3-658-28853-2

Printed in the United States
By Bookmasters